한국사, 더 쉽고 재밌고 생생하게!

생방송 한국사

01 선사 시대 · 고조선

동영상 강의 및 감수 고종훈
서울대학교 동양사학과를 졸업했습니다. 한국사검정시험에서 수많은 합격자를 배출, 메가스터디 한국사 9년 연속 유료 수강생 1위, 누적 수강생이 70만 명 이상인 검증된 한국사 대표 강사입니다. 검증된 역사 지식을 바탕으로 많은 사람들에게 올바른 역사 인식을 심어주고자 노력하고 있습니다.

기획 및 감수 최인수
이화여자대학교에서 지리교육 및 역사교육을 전공. 구리 인창중학교에서 역사를 가르쳤습니다. 많은 아이들이 바른 역사를 알기를 바라는 마음으로 어린이 도서 전문 기획자로 활동하고 있습니다.

감수 공미라
이화여자대학교에서 역사교육을 전공. 교육대학원에서 석사학위를 받았습니다. 현재 남양주시 주곡중학교에서 역사를 가르치고 있습니다.

글 장선미
중앙대학교 문예창작학을 전공. 동대학원에서 석사학위를 받았습니다. 문화예술교육진흥원의 〈꿈다락 토요문화학교〉와 〈상상어린이 문학학교〉에서 문학예술강사로 활동 중입니다. 아이들이 더 많은 꿈을 꾸기를 바라면서 역사와 문학, 철학을 가르치고, 글을 쓰고 있습니다.

그림 박종호
동아, LG 국제만화페스티벌에서 〈세상에서 가장 행복한 날〉, 〈여섯 번째 손가락 이야기〉로 상을 받았습니다. 어린이들에게 가장 좋은 작품을 선보이기 위해 노력하고 있으며 재미있는 캐릭터와 생동감 넘치는 연출이 매력적입니다. 대표작으로는 〈이이화 선생님이 들려주는 만화 한국사〉, 〈바로 보는 세계사〉, 〈세계대역사 50사건〉, 〈Hello! MY JOB〉 등이 있습니다.

 선사 시대·고조선

글 장선미   그림 박종호
감수 고종훈 공미라 최인수

1판 1쇄 발행 2017년 1월 20일
1판 3쇄 발행 2020년 9월 15일

펴낸이 김영곤
키즈융합부문대표 이유남   키즈융합부문이사 신정숙
키즈사업본부 김수경   기획개발 탁수진 유하은   에듀1팀 김지혜 김지수
영업본부장 김창훈   영업1팀 임우섭 송지은   영업2팀 이경학 오다운
마케팅본부장 변유경   마케팅1팀 김영남 문윤정 임수진 구세희   마케팅2팀 김세경 박소현 최예슬
표지·본문디자인 씨디자인_조정은   본문편집디자인 02정보디자인연구소
사진 제공 이뮤지엄(국립중앙박물관 외), 문화재청, 국립중앙박물관 도록, 국립공주박물관 도록, 왕의 초상, 조선중앙력사박물관 도록, 육군박물관 도록, 국립광주박물관 도록, 국립대구박물관 도록, 두암 기용두 도록, 연합뉴스, 위키피디아, 위키미디어, 게티이미지

펴낸곳 (주)북이십일 아울북
주소 (우 10881)경기도 파주시 회동길 201
연락처 031-955-2100 (대표) 031-955-2729 (내용문의)
홈페이지 www.book21.com

등록번호 2000년 5월 6일 제 406-2003-061호
이 책 내용의 일부 또는 전부를 재사용하시려면 반드시 (주)북이십일의 동의를 얻어야 합니다.
잘못 만들어진 책은 구입하신 서점에서 교환해 드립니다.

- 제조자명 : (주)북이십일
- 주소 및 전화번호 : 경기도 파주시 문발동 회동길 201(문발동) / 031-955-2100
- 제조연월 : 2020년 9월 15일
- 제조국명 : 대한민국
- 사용연령 : 8세 이상 어린이 제품

한국사, 더 쉽고 재밌고 생생하게!

생방송 한국사

글 장선미 그림 박종호 기획 최인수 강의 고종훈

01 선사 시대 · 고조선

구성과 특징

주요 사건과 업적이 한눈에
보기 쉽게 그림과 연표로 구성되어 있어요.

역사 현장이 한눈에!

그 시대의 다양한 뒷이야기를 통해
지루한 역사가 더욱 재미있어져요.

뒷이야기가 궁금할 땐, 스페셜 뉴스

타임라인 뉴스 ▶ 주요 뉴스 ▶ 스페셜 뉴스

역사 현장을 취재하다!

교과서 핵심 개념을 뉴스 취재 형식으로 보여주어
쉽게 이해하고 깊이 생각할 수 있게 해요.

시대의 유물을 하나하나 연결하면서
낯선 시대를 쉽게 이해할 수 있어요.

한눈에 살펴보는 유물 연표

역사 현장 어디든 출동!

바쁘다 바빠!

고종훈의 한국사 브리핑 → **유물 연표** → **동영상 강의**

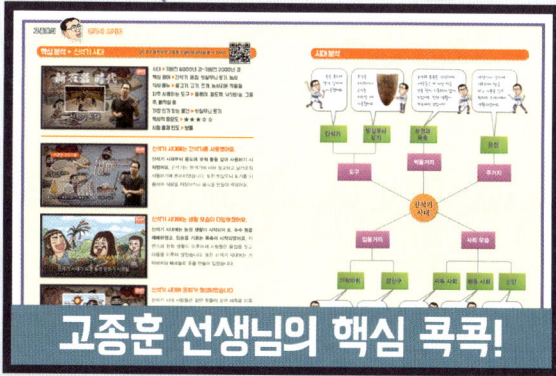

고종훈 선생님의 핵심 콕콕!

고종훈 선생님과 함께 시대의
핵심 내용을 알기 쉽게 다시 한 번 요약해요.

동영상 강의로 다시 한번 정리

고종훈 선생님의 총 90분 동영상 강의로 선사 시대와 고조선을 완벽하게 정리해요!
('고종훈의 한국사 브리핑' 상단의 QR코드를 찍으면 영상을 볼 수 있어요.)

▶ 방송 순서

생방송 한국사 소개 … 4
구성과 특징 … 6

I. 역사란 무엇인가 … 12

01 역사의 의미 … 14
- ■ 헤드라인 뉴스 – 역사란 무엇일까?
- ■ 헤드라인 뉴스 – 선사 시대를 나누는 기준 공개돼
- 스페셜 뉴스 ▶ 비하인드 뉴스 – 헤로도토스 vs 사마천

02 역사를 만드는 인간 … 20
- ■ 심층 취재 – 인간이 동물과 다른 이유 밝혀져
- 스페셜 뉴스 ▶ 현장 브리핑 – 불을 이용하게 된 사람들

03 유물과 유적 … 24
- ■ 심층 취재 – 역사를 연구하는 자료
- 스페셜 뉴스 ▶ 취재 수첩 – 역사는 조작될 수 없다! 일본의 구석기 역사 조작 사건
- 고종훈의 한국사 브리핑

II. 구석기 시대 … 32

01 구석기 시대 개관 … 34
- ■ 심층 취재 – 구석기 시대 흥수아이의 하루
- 스페셜 뉴스 ▶ 취재 수첩 – 구석기 시대 사람의 생김새는 어떠할까?

02 도구 … 38
- ■ 인물 초대석 – 구석기 시대의 도구, 뗀석기
- 스페셜 뉴스 ▶ 인물 포커스 – 대한민국의 자랑스런 고고학자, 손보기

03 먹을거리 … 44
- ■ 심층 취재 – 구석기 시대의 먹을거리
- 스페셜 뉴스 ▶ 비하인드 뉴스 – 기필코 사냥에 성공할 거야!

04 주거지 … 48
- ■ 심층 취재 – 구석기 시대의 주거 생활
- 스페셜 뉴스 ▶ 체험! 역사 현장 – 구석기 시대로 떠나는 여행 스케치
- 고종훈의 한국사 브리핑

III. 신석기 시대 … 54

01 신석기 시대 개관 … 56

- ■ 심층 취재 – 신석기 시대 모루의 하루
- 스페셜 뉴스 ▶ 체험! 역사 현장 – 신석기 시대로 떠나는 여행 스케치

02 도구 ········· 62
- ■ 인물 초대석 – [단독] 신석기 시대의 도구 발견!
- 스페셜 뉴스 ▶ 그때 그 물건 – 도전! 빗살무늬 토기 만들기

03 먹을거리 ········· 66
- ■ 헤드라인 뉴스 – 신석기 시대의 먹을거리
- 스페셜 뉴스 ▶ 인물 인터뷰 – 할머니에게 듣는 "옛날 옛적에~"

04 주거지 ········· 70
- ■ 헤드라인 뉴스 – 신석기 시대 사람들의 주거지 공개
- ■ 헤드라인 뉴스 – 신석기 시대의 정보를 담고 있는 탄화 곡식
- 스페셜 뉴스 ▶ 현장 브리핑 – 신석기 시대의 러브 하우스

05 입을거리 ········· 76
- ■ 인물 초대석 – 신석기 시대의 패션을 소개합니다!
- 스페셜 뉴스 ▶ 문화계 소식 – 신석기 시대 패션 위크! S/S 장신구 패션쇼 현장

06 문화 ········· 80
- ■ 심층 취재 – 신석기 시대 사람들의 생활 모습
- 스페셜 뉴스 ▶ 취재 수첩 – 김촌장 어른의 바쁜 하루

고종훈의 한국사 브리핑

IV. 청동기 시대 ········· 88

01 청동기 시대 개관 ········· 90
- ■ 심층 취재 – 청동기 시대 미르의 하루
- 스페셜 뉴스 ▶ 비하인드 뉴스 – 반구대 암각화가 간직한 이야기

02 도구 ········· 96
- ■ 심층 취재 – 청동기 시대의 도구
- 스페셜 뉴스 ▶ 그때 그 물건 – 청동기 대장간으로 떠나는 체험 여행

03 먹을거리 ········· 100
- ■ 심층 취재 – 청동기 시대, 벼농사가 시작되다
- 스페셜 뉴스 ▶ 그때 그 물건 – 청동기 시대의 히트 상품, 반달 돌칼

▶ 방송 순서

04 주거지 ···················· 106
- 헤드라인 뉴스 – 청동기 시대 사람들은 어디서 살았을까?
- 스페셜 뉴스 ▶ 비하인드 뉴스 – 지난 달에도 전쟁, 어제도 전쟁. 청동기 시대의 전쟁 이야기

05 군장 ···················· 110
- 인물 초대석 – 청동기 시대, 계급이 발생하다
- 스페셜 뉴스 ▶ 취재 수첩 – 고인돌의 비밀을 찾아서
- 고종훈의 한국사 브리핑

V. 고조선 ···················· 116

01 단군왕검 이야기 ···················· 118
- 인물 초대석 – 단군왕검 이야기의 비밀을 찾아서
- 헤드라인 뉴스 – 홍익인간 정신으로 나라를 세우다
- 스페셜 뉴스 ▶ 문화계 소식 – 일연 스님이 들려주는 단군왕검 이야기

02 고조선 ···················· 124
- 심층 취재 – 고조선이 영향을 미친 지역 밝혀져
- 스페셜 뉴스 ▶ 비하인드 뉴스 – 전문가들이 진단한 개천절의 의미
- 스페셜 뉴스 ▶ 인물 포커스 – 단군왕검의 뜻을 이은 나인영

03 사회 ···················· 128
- 심층 취재 – 8조법으로 본 고조선의 사회 모습
- 스페셜 뉴스 ▶ 문화계 소식 – '눈에는 눈, 이에는 이' 함무라비 법전

04 고조선의 멸망 ···················· 132
- 헤드라인 뉴스 – 위만, 고조선의 왕이 되다
- 헤드라인 뉴스 – 고조선, 이대로 멸망하나?
- 스페셜 뉴스 ▶ 비하인드 뉴스 – 단골이 단군왕검에서 나온 말이라고요?
- 고종훈의 한국사 브리핑

VI. 초기 국가의 성립 ···················· 140

01 도구 ···················· 142
- 인물 초대석 – 철로 만든 무기가 사용되다
- 심층 취재 – 철제 농기구로 농사가 발전하다
- 스페셜 뉴스 ▶ 비하인드 뉴스 – 유물로 살펴보는 철기 시대

02 국가 성립 · 148
- ■ 헤드라인 뉴스 – 새로운 국가들이 생겨나다
- 스페셜 뉴스 ▶ 그때 그 물건 – 널무덤과 독무덤

03 부여 · 152
- ■ 헤드라인 뉴스 – 금와왕 신화가 전해 오는 부여
- ■ 심층 취재 – 부여의 관직 명칭, 윷놀이로 이어져
- ■ 심층 취재 – 부여의 생활 모습
- 스페셜 뉴스 ▶ 비하인드 뉴스 – 강요된 죽음, 순장

04 고구려 · 160
- ■ 헤드라인 뉴스 – 부여계의 유이민이 세운 나라, 고구려
- ■ 심층 취재 – 고구려 사람들의 이모저모
- 스페셜 뉴스 ▶ 현장 브리핑 – 고구려 데릴사위 박신랑 씨의 하루

05 옥저 · 166
- ■ 심층 취재 – 왕이 없는 나라, 옥저
- 스페셜 뉴스 ▶ 비하인드 뉴스 – 옥저의 색시가 전해 주는 민며느리제

06 동예 · 170
- ■ 심층 취재 – 동해안 지역에 자리 잡은 동예
- 스페셜 뉴스 ▶ 인물 인터뷰 – 족외혼이란 무엇일까?

07 삼한 · 174
- ■ 헤드라인 뉴스 – 한반도 남쪽의 작은 나라들
- ■ 인물 초대석 – 삼한, 정치와 제사가 분리된 사회
- ■ 헤드라인 뉴스 – 삼한, 농업이 발달하다
- 스페셜 뉴스 ▶ 체험! 역사 현장 – 신성한 땅, 소도 탐방
- 고종훈의 한국사 브리핑

유물 연표 ··· 184
찾아보기 ··· 186

I 역사란 무엇인가

인간이 걸어온 발자취

타임라인 뉴스

약 70만 년 전	한반도와 만주 일대에 구석기 문화가 시작되다
기원전 8,000년 경	한반도와 만주 일대에 신석기 문화가 시작되다
기원전 2333	고조선이 세워지다
기원전 2000~1500	청동기 문화가 보급되다
기원전 400	철기 문화가 보급되다
기원전 108	고조선이 멸망하다
기원전 57~	신라를 시작으로 삼국이 세워지다
676	신라가 삼국 통일을 완성하다
698	발해가 세워지다
936	고려가 후삼국을 통일하다
1392	조선이 세워지다
1592	임진왜란이 일어나다
1910	일제에 나라를 빼앗기다
1945	나라를 되찾다
1950	6.25 전쟁이 일어나다
1960	4.19 혁명으로 이승만 정권이 무너지다
1980	광주에서 5.18 민주화 운동이 일어나다
1987	6월 민주 항쟁으로 전두환 정권이 무너지다
2000	남북 정상 회담이 열리다

역사의 의미 1 | 헤드라인 뉴스

오늘 한국사 뉴스가 공개 방송으로 진행된다는 소식에 많은 친구들이 이곳 스튜디오를 찾아주었습니다. 한국사에 대한 관심이 매우 뜨거운 것을 알 수 있는데요. 첫 번째 뉴스 시간에는 여기 모인 친구들과 함께 역사의 의미에 대해서 생각해 보도록 하겠습니다.

김문화 기자

역사란 무엇일까요?

역사는 사람들이 지금까지 살아온 발자취이며 과거에 실제 일어난 일을 말해요. 여러분은 임진왜란 때 활약한 이순신 장군을 알고 있지요? 임진왜란은 조선 시대에 일어났는데, 오늘날의 우리가 어떻게 조선 시대 장군에 대해 알 수 있는 걸까요? 그건 바로 이순신 장군에 대한 기록이 지금까지 전해져 오고 있기 때문이에요. 우리는 옛날의 기록을 통해 과거의 사회 모습이나 사건에 대해 알 수 있지요. 이처럼 역사는 과거에 일어났던 사실에 대한 기록을 뜻하기도 해요.

김초등

질문이 있어요! 과거 사실의 기록이 역사가 되는 거라면 제가 쓴 일기도 역사가 될 수 있는 건가요? 일기에도 그날그날 있었던 일을 적잖아요.

 14 I. 역사란 무엇인가

좋은 질문입니다. 일기도 역사가 될 수 있어요. 내가 쓴 일기는 다른 사람이 아닌 '나의 역사'가 되는 거지요. 그런데 여러분은 일기장에 어떤 이야기를 적나요? 하루 동안의 일을 모두 다 적지는 않지요? 그날 있었던 일 중에서 중요하다고 생각하는 일이나 내가 꼭 쓰고 싶은 일들을 골라 적지요? 이처럼 과거 사실 중에서 의미 있다고 생각되는 것을 기록한 것이 역사예요.

 저는 시험에서 백점 맞은 일, 상을 받은 일, 친구와 싸운 일 등을 일기장에 적어요. 그렇다면 과거에 있었던 일이 모두 역사가 되는 것은 아니네요?

맞아요. 역사는 '과거에 일어났던 사실' 그 자체를 의미하기도 하지만 '과거에 일어났던 사실에 대한 기록'을 뜻하기도 해요. 일기는 둘 중 '과거에 일어났던 사실에 대한 기록'에 해당되지요. 우리가 '역사를 배운다.'고 할 때의 '역사'도 마찬가지예요.

역사가 과거의 사실을 기록한 것이라고 할 때, 우리가 한 가지 기억해야 할 것이 있어요. 예를 들어 설명해 볼게요. 희수와 준우가 싸웠습니다. 희수가 준우를 놀려서 준우가 희수를 때렸거든요. 그것을 본 민호와 은지가 일기에 썼어요. 민호는 희수가 먼저 준우를 놀렸기 때문에 싸웠다고 쓰고, 은지는 준우가 희수를 먼저 때렸기 때문이라고 썼어요. 어때요? 기록하는 사람에 따라 다르게 표현되었지요? 하지만 여기에서 변하지 않는 사실이 있어요. 그건 바로 희수와 준우가 싸웠다는 거예요. 이처

에드워드 핼릿 카 (Edward Hallett Carr)

영국의 정치학자이자 역사가예요. 그는 '역사란 현재와 과거의 끊임없는 대화'라는 유명한 말을 남겼어요. 이 말은 과거(과거의 사실)와 현재(현재의 역사)가 서로 연관되어 있다는 뜻이지요.

역사의 구분

문자가 없던 시대를 선사 시대(先史時代), 인류가 문자를 만들어 기록을 남긴 시대를 역사 시대(歷史時代)로 부른답니다.

럼 역사를 기록하는 사람은 사실을 쓰되 자신의 해석을 덧붙이지요. 따라서 역사에는 기록하는 사람의 주관적인 관점과 해석이 들어갈 수 있어요. 이를 두고 **에드워드 핼릿 카**라는 역사가는 역사란 '현재와 과거의 끊임없는 대화'라고 했어요.

박유아

그렇다면 글자를 모르면 역사를 남길 수 없는 거예요? 글자를 아직 쓸 줄 모르는 사람도 많잖아요.

그렇지 않아요. 처음부터 글자가 있었던 것은 아니거든요. 그럼 그때는 역사가 없다고 봐야 할까요? 아니에요. 글자가 없어도 그 당시 사람들이 쓰던 물건이나 무덤 등이 남아 있지요. 이것을 통해서 우리는 그 당시 사람들의 생활 모습을 알 수 있어요.

그런데 역사는 이미 지나간 일인데 왜 역사를 배워야 하나요? 과거의 일보다 다가 올 미래를 준비해야 하는 거 아닌가요?

역사를 알아야 미래도 준비할 수 있답니다. 역사를 공부함으로써 과거의 사건들을 당시 사람들의 입장에서 생각해 보고, 그들이 어떻게 해결했는지를 살펴볼 수 있지요. 이를 통해 우리가 앞으로 어떻게 살아야 하는지 배우게 돼요. 또, 우리와는 다른 시대와 다른 공간에서 살았던 사람들의 생활 모습을 이해하면서 다른 나라의 역사와 문화를 이해하고 존중하는 자세를 기를 수도 있답니다.

1 역사의 의미 2 | 헤드라인 뉴스

선사 시대는 문자로 된 기록이 남아 있지 않은 시기입니다. 그래서 이 시대를 나누는 기준이 따로 있다고 하는데요. 선사 시대를 구분하는 기준은 무엇이며, 선사 시대를 어떻게 구분할 수 있는지 김역사 기자가 알아봅니다.

지구에 인간이 등장해서 살기 시작한 때부터 문자가 만들어지기까지 수백만 년이라는 시간이 걸렸어요. 이것은 인류의 역사에서 95% 이상을 차지할 만큼의 긴 시간입니다. 따라서 선사 시대를 하나로 묶어서 생각하기에는 무리가 있어요.

역사 시대는 문자 기록이 남아 있기 때문에 각 나라의 이름이나 제도 등 큰 변화가 있던 시점을 기준으로 삼아 시대를 나누지요. 그렇다면 선사 시대는 무엇을 기준으로 나눌까요?

바로 '도구의 사용' 시기를 기준으로 삼는답니다. 이렇게 선사 시대를 제일 처음 나눈 사람은 덴마크의 **고고학자**인 톰센(1788~1865)이에요.

톰센은 평소에 **골동품**을 모으는 것이 취미였지요. 박물관 관장이기도 했던 그는 수집한 유물을 어떤 기준으로 나누어 전시를 하면 좋을까 고

선사 시대와 역사 시대를 나누는 기준은 '문자의 사용'입니다.

김역사 기자

민했어요. 그릇끼리 놔두어 볼까? 화살촉끼리 모아 둘까? 이런 식으로 말이에요.

그러다 그는 만들어진 재료에 따라 유물을 나누어 보았어요. 돌로 만든 것, 청동으로 만든 것, 철로 만든 것끼리 나누어 보니 새로운 사실을 알게 되었어요. 바로 시기마다 도구 제작에 사용한 재료가 달랐다는 것을 말이에요. 처음에 사람들은 주변에 흔한 돌을 사용했고, 점차 청동, 철과 같은 금속을 이용하여 도구를 만들었던 거지요. 그리하여 톰센은 어떤 재료를 이용해 도구를 만들었는지에 따라 다음과 같이 선사 시대를 구분하였어요.

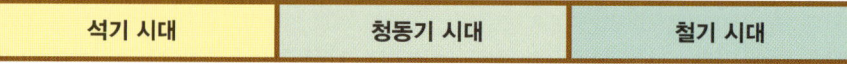

| 석기 시대 | 청동기 시대 | 철기 시대 |

그런데 자세히 보니 돌로 만든 석기도 시기에 따라 모양이 달랐어요. 처음 사람들이 사용한 것은 돌의 모양을 그대로 살려 사용해서 뭉툭하고 투박했지만, 점차 돌의 모양이 일부러 만든 듯 뾰족해져서 날카롭고 손에 쥐기도 훨씬 편리했거든요. 그래서 1865년에 영국의 고고학자 러복은 도구를 만드는 방법에 따라 석기 시대를 다시 구석기 시대와 신석기 시대로 나누었답니다.

| 석기 시대 | 구석기 시대 |
| | 신석기 시대 |

고고학자
유물과 유적을 통하여 옛 인류의 생활, 문화 따위를 연구하는 학문을 고고학이라고 해요. 이러한 고고학을 연구하는 학자를 고고학자라고 하지요.

골동품
오래되었거나 희귀한 옛 물품

헤로도토스 vs 사마천

그리스의 역사가인 헤로도토스는 '역사학의 아버지'라고 불리는 서양의 대표적인 역사학자예요. 그는 들은 그대로 기록하고, 전해오는 것을 그대로 전하는 사실에 기반한 역사 서술을 매우 중요하게 여겼어요.

그가 태어나기 전부터 그리스는 페르시아와 전쟁을 했는데, 그는 이 전쟁이 왜 일어났는지 알고 싶었어요. 그래서 직접 전쟁이 시작된 지역을 찾아가 보기로 했지요. 그렇게 조사하고 연구하여 탄생한 책이 바로 『역사』랍니다.

▲ 헤로도토스(왼쪽)와 사마천(오른쪽)

헤로도토스가 쓴 『역사』는 그가 직접 각 지역을 찾아다니며 보고, 현지 사람들과 만나고, 그곳에서 들은 이야기로 이루어져 있어요. 그래서 그 지역의 지리, 풍속, 역사, 전해지는 이야기 등이 재미있게 실려 있지요. 이 내용들은 세계사를 연구하는 중요한 자료가 되었어요. 헤로도토스가 이 책을 쓰기 전까지 역사는 단순히 과거의 일을 시간 순으로 나열한 것으로 여겨졌지만 헤로도토스 이후 역사는 역사가가 과거의 일에 대해 깊이 생각하고 연구한 내용이라는 의미를 갖게 되었답니다.

헤로도토스와 견줄 수 있는 동양의 역사학자로는 중국 한 때의 사마천이 있어요. 사마천이 쓴 『사기』는 중국의 고대 왕조로부터 한 무제 때까지의 사실을 기록한 것이에요.

사마천은 이 책을 쓰기 위해 수많은 책을 읽고 연구했어요. 그뿐만 아니라 전국을 돌아다니며 백성들의 목소리나 전해져 오는 이야기를 듣고, 공부한 것과 다른 것이 있다면 바로 잡았지요. 그렇게 쓰여진 사마천의 『사기』는 신중하고 객관적인 기술, 생생한 인물 묘사가 특징이에요. 사람들 사이에서 흔히 일어나는 대립과 갈등, 도덕 등을 서술하여 그 자체가 우리가 살아가는 모습임을 보여 주고 있어요. 이를 통해 우리는 어떤 태도로 세상을 살아가야 할지 생각해 보는 기회를 갖게 된답니다.

2 역사를 만드는 인간 | 심층 취재

인간이 동물과 다른 이유 밝혀져

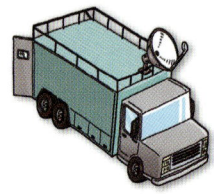

긴급 뉴스입니다. 지금 숲 속에서는 코끼리, 멧돼지, 염소, 양 할 것 없이 동물들이 두 발로 걷기 위해 연습 중이라고 하는데요. 갑자기 숲 속 동물들이 두 발로 걸으려는 이유는 무엇일까요? 김역사 기자가 현장에 나가 있습니다.

> 인간이 동물과 다른 점 중에서 가장 대표적인 것은 바로 두 발로 걷는다는 것이죠.

김역사 기자

엎드려서 네 발을 모두 사용하는 동물과 달리 인간은 허리를 펴고 두 발을 이용하여 걷지요. 두 발만 이용한다고 해서 얼마나 다르겠냐고요?
여러분이 만약 두 손과 두 발을 이용해서 걷다가 두 발로만 걷는다고 상상해 보세요. 두 발만으로 걸으니 손이 자유로워지겠지요? 손이 자유로워지면 어떤 변화가 있을까요? 직접 한번 들어 보겠습니다.

우가탕가

손으로 할 수 있는 일이 많아졌어요. 이전에는 손을 걷는 데 써야 했지만 이제는 돌을 쥘 수도 있고 풀을 뜯을 수도 있어요. 그러다보니 손을 이용해 다양한 도구들도 만들게 되었어요. 그리고 신기한 게 손을 자꾸 쓰다 보니까 점점 머리가 좋아지는 거예요. 손을 많이 움직이면 두뇌가 발달한다고 하잖아요.

두 발로 걷게 된 것 외에 다른 변화도 있나요?

 아, 불도 사용할 수 있게 되었어요. 두 손으로 불을 피우는 법도 알게 되었고요. 사실 그 전에는 불을 사용할 줄 몰랐거든요. 불을 사용하면서 우리의 생활이 많이 바뀌었어요. 추운 곳에서도 따뜻하게 지낼 수 있고, 음식도 익혀 먹을 수 있게 되었지요. 그동안에는 날고기를 먹었거든요. 고기를 익혀 먹으니까 소화도 잘되고 정말 맛있더라고요!

고기를 익혀 먹으면 단백질을 더 많이 흡수할 수 있어서 두뇌가 발달하게 됩니다. 그렇다면 점점 동물들보다 똑똑해지게 되었겠군요?

 하하하! 자랑같지만 사실이에요. 그리고 고기를 익혀 먹게 되면서 달라진 게 한 가지 더 있는데요. 이의 수가 엄청 줄었어요. 이전에는 질긴 고기를 먹어야 하니까 이가 70여 개나 되었거든요.

직립보행

사지(四肢)를 가지는 동물이 뒷다리만을 사용하여 등을 꼿꼿하게 세우고 걷는 일. 주로 인간이 이동하는 형태를 이르는 말

불로 음식을 익혀 먹다

사람들은 익히지 않은 날것을 잘못 먹고 온갖 병에 시달리거나 심한 경우 죽음에 이르기도 했어요. 그런데 음식을 불에 익혀 먹은 뒤부터는 사람들이 병에 걸릴 확률이 낮아져 더 오래 살 수 있게 되었어요.

그런데 불에 익어서 부드러워진 고기를 먹으니 이가 그렇게까지 많을 필요가 없게 되었어요. 입안에 빼곡하던 이가 줄어드니까 혀가 움직일 공간이 생겼고 이렇게 말도 할 수 있게 되었어요.

몸짓을 이용해서 생각을 전달하던 사람들이 말을 할 수 있게 되면서 사람들의 생활은 더 편리해졌습니다. 한편, 두 발로 걷게 된 것이 인간에게 모든 점에서 유리했던 것은 아니에요. 인간은 두 발로 걷기 시작하면서 점차 골반이 작아졌습니다. 골반이 작아지자 엄마 배 속의 아기집도 작아져서 인간이 낳은 아기는 다른 동물과 달리 목도 잘 못 가눌 정도로 약한 상태로 태어나게 되었어요. 인간은 아이를 낳고 키우는 데 서로의 도움이 필요하게 되었답니다. 그래서 자연스레 가족이 만들어지고 공동체가 형성되었지요.

동물들이 집단생활을 하는 이유는?

동물들에게 집단생활은 생존에 좀 더 유리하고 효율적인 방법이에요. 집단생활을 하면 천적으로부터의 위험을 줄일 수 있어 종족 유지가 훨씬 더 유리하기 때문이지요.

사람들이 함께 모여 살면 때로는 사람들 사이에 다툼이 생기기 마련이겠지요? 그래서 사람들은 서로 싸우지 않기 위해 여러 규칙을 만들었어요. 그리고 필요한 물건들을 서로 주고받기도 했고요. 추위나 더위, 홍수 같은 것을 극복하기 위해 다양한 방법들을 찾기도 했어요.

이처럼 사람들은 모여 살면서 하나의 문화를 형성하게 되었고 이후에도 문화는 계속 전해지며 시대마다 조금씩 달라지고 발전했습니다. 이러한 과정이 바로 우리의 역사가 되는 거예요.

인류가 허리를 펴고 두 다리로 일어선 것으로부터 인간에게는 많은 변화가 나타나 역사가 만들어졌다고 할 수 있겠죠? 역사의 중심은 바로 우리 인간들이라는 것을 다시 한 번 확인해 보는 시간이었습니다.

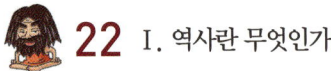

불을 이용하게 된 사람들

"풀잎아! 얼른 불을 피우렴!"

어머니의 말씀에 풀잎이는 열심히 나뭇가지를 비비기 시작했어요. 불을 피우는 것은 쉬운 일이 아니에요. 하지만 곧 저녁도 먹어야 하고, 겨울이라 춥기 때문에 불을 지펴 놓아야 따뜻하게 밤을 지낼 수 있답니다.

풀잎이의 아버지 말씀이, 지금보다 훨씬 더 전에는 불을 아예 사용할 줄 몰랐대요. 그럼 언제부터 불을 사용하게 된 걸까요?

"엄마도 예전에 할머니한테 들은 이야기인데, 어느 날 번개가 쳐서 나무에 불이 붙었대. 그래서 그만 산불이 난 거야. 그때까지 사람들은 불을 한 번도 본 적이 없어서 빨갛게 타오르는 불이 너무 무서워 숨기 바빴지."

산이 불타고 있다니. 풀잎이는 상상만으로도 무서웠어요.

"불이 꺼지자 산에 있는 짐승들이 타 죽은 거야. 먹을 것이 없던 사람들은 그거라도 먹었지. 그런데 세상에, 고기가 익으니 날 것으로 먹을 때보다 훨씬 맛있는 거야! 배탈도 이전보다 덜 나고. 그뿐만 아니라 남아 있는 불씨 곁에 가니 따뜻했지. 그래서 불씨를 가져와서 불도 쬐고, 고기도 구워 먹었지. 그때 사람들은 불을 피울지 몰랐기 때문에 불씨가 너무 소중했어. 그래서 꺼뜨리지 않으려고 노력했단다."

"그때에 비하면 지금은 불도 피울 수 있고, 불을 이용해서 고기도 구워 먹고…. 우리는 정말 대단한 거네요!"

그때 풀잎이가 비비던 나뭇가지에서 연기가 피어오르기 시작했답니다. 풀잎이는 잠시 상상해 보았어요. 한번에 불을 딱 피우는 도구가 있다면 얼마나 좋을까요? 그럼 팔이 아프도록 나뭇가지를 비비지 않아도 되는데 말이에요.

3 유물과 유적 | 심층 취재

생방송한국사

역사를 연구하는 자료

선사 시대의 새로운 유물과 유적 발굴에 성공했다는 소식입니다. 이번 발굴은 선사 시대의 생활 모습을 연구하는 데 큰 도움이 될 것이라고 하는데요. 유물과 유적이 무엇이기에 역사를 연구하는 데 도움이 되는 것일까요? 현장에 나가 있는 김역사 기자를 불러 보겠습니다.

유물과 유적이란 무엇일까요?

김역사 기자

역사를 공부하다보면 유물, 유적이라는 단어를 많이 듣게 되는데요. 유물이란 과거 사람들이 남긴 물건을, 유적이란 남아 있는 자취를 말해요. 말하자면 유물과 유적은 과거 사람들이 남긴 흔적인 것이죠.

박물관에 가 본 적이 있나요? 박물관에 전시되어 있는 다양한 물건들은 과거 사람들이 필요에 의해 만든 것으로, 이런 것들이 바로 유물이에요. 그렇다고 유물이 꼭 박물관에만 있는 것은 아니에요.

유적은 일반적으로 형태가 크며 위치를 변경시킬 수 없는 것이 대부분이에요. 과거의 건축물이나 집터, 옛 무덤, 싸움터 또는 역사적인 사건이 벌어졌던 곳 등이 유적이죠.

▲ 박물관에 전시된 유물들

24　I. 역사란 무엇인가

유적은 대부분 땅에 묻혀 있는 경우가 많지만 어떤 것은 지상에 드러나 있기도 하고 물속에 있는 경우도 있답니다. 본래 지상에 있던 것이 긴 세월을 거치면서 지형의 변화에 의해 땅속에 묻히거나 물속에 잠기는 경우가 발생하기 때문이에요.

선사 시대는 문자가 없던 시대이기 때문에 당시의 생활 모습을 짐작하는 데 유물과 유적이 큰 역할을 합니다.

그렇다면 유물과 유적의 발굴은 어떻게 이루어집니까?

 먼저 연구자는 옛날 책이나 자료 등을 통해 유물이 나올 만한 곳이나 유적이 있을 만한 곳이 어디인지 조사합니다. 그리고 조사한 곳을 바탕으로 직접 찾아보지요.

발굴은 오랜 시간에 걸쳐 이루어지는 작업이에요. 먼저 조심스럽게 땅을 파헤쳐 유물이나 유적이 조금이라도 보이면 정식으로 호미나 붓 같은 도구들을 이용하여 작업해요. 먼저 땅을 파보는 것을 '시굴 조사', 유적지라는 확신을 가지고 정식으로 작업하는 것을 '정식 발굴'이라고 합니다.

모든 과정은 사진과 동영상, 그리고 문서로 남기고, 최대한 본래의 모습 그대로 발굴할 수 있도록 노력한답니다. 발굴한 유물은 연구실로 옮겨 와 분석을 진행하지요. 또, 역사적 가치가 있는 곳은 그 터를 유적지로 보존하기도 합니다.

발굴
땅속이나 큰 덩치의 흙, 돌 더미 따위에 묻혀 있는 것을 찾아서 파냄

김역사 기자, 유물과 유적이 선사 시대 연구에 어떻게 이용되는지 조금 더 자세히 설명해 주세요.

 유물이 발견되면 연구자는 그 유물을 과학적으로 분석합니다. 여러 가지 첨단 과학 기술을 활용하여 그 유물이 어느 시기의 것인지 추정해 보는 것이죠. 역사가는 여기에 역사적 상상력과 추리력을 덧붙여 그 시대를 연구하고 되살려 보는 겁니다.

역사적 상상력이요?

 네, 그렇습니다. 음… 이렇게 한번 설명해 볼까요?

자, 왼쪽의 그림은 어느 학교에 있는 교실의 휴지통입니다. 휴지통의 제일 아래에는 무엇이 있나요? 크림 빵 포장 껍질이 보이네요. 왜 이것이 가장 아래에 있을까요?

그거야 아침에 빵을 먹은 학생이 있으니까 쓰레기도 있겠지요.

 그렇습니다! 빵 포장 껍질을 통해 '아침에 교실에서 빵을 먹은 학생이 있을 것이다.'라고 추정할 수 있죠? 조금 더 상상력을 더하면 이 학생은 오늘 아침 늦잠을 자서 아침밥을 먹지 못했기 때문에 학교에 와서 빵을 먹었을 것이라고

추리할 수도 있어요. 이런 식으로 계속 살펴보는 겁니다. 빵 포장 껍질 위에는 다 쓴 물감이 보이네요. 그 위에는 그림이 그려진 도화지가 보이구요. 그럼 이 반에서 어떤 수업이 진행되었을지도 짐작할 수 있지 않나요? 바로 미술 수업이겠지요? 계속 같이 볼까요?

 도화지 위로 초코 우유 팩이 보입니다. 아마도 오늘의 급식 우유는 초코 우유였나 봐요. 그 위에 아이스크림 포장 껍질도 눈에 띄네요. 왜 아이스크림을 먹었을까요? 주로 더울 때 아이스크림을 먹으니까 이 날은 매우 더웠을 것이라고 상상해 볼 수 있겠지요. 그 위엔 꽃도 보이네요. 왜 꽃이 있을까요? 누가 고백이라도 했던 걸까요?

글쎄요. 선물로 받은 꽃을 버리진 않았을 텐데요. 화단에서 꺾어 왔다가 선생님께 혼나서 버렸을 수도 있지 않을까요?

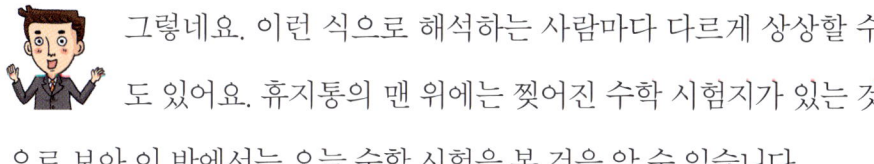
그렇네요. 이런 식으로 해석하는 사람마다 다르게 상상할 수도 있어요. 휴지통의 맨 위에는 찢어진 수학 시험지가 있는 것으로 보아 이 반에서는 오늘 수학 시험을 본 것을 알 수 있습니다.

 휴지통 속의 쓰레기를 통해 이 반의 하루가 어떻게 흘러갔는지 짐작해 볼 수 있었어요. 이런 방법으로 우리는 유물과 유적을 통해 우리가 살지 않았던 과거의 모습을 상상해 볼 수 있답니다.

네, 이처럼 과거 사람들이 남긴 흔적인 유물이나 유적을 바탕으로 그 시대 사람들의 생활 모습을 상상해 보는 것이 바로 역사 연구군요. 이상으로 뉴스를 마치겠습니다.

역사는 조작될 수 없다! 일본의 구석기 역사 조작 사건

2000년 11월 5일 일본 마이니치 신문 1면에 발표된 기사에 일본인들을 비롯해 많은 사람들이 충격에 빠졌어요. 신문에는 일본의 유명한 고고학자 후지무라 신이치(藤村新一)가 혼자 구덩이를 파고 유물을 몰래 묻는 사진이 실려 있었지요. 유물을 몰래 묻은 장소는 일본의 구석기 문화를 60만 년 전으로 끌어올린 미야기(宮城)현 가미타카모리(上高森) 유적지였어요. 일본의 발굴단은 이곳에서 60만 년 전의 석기 31점을 발견했어요. 이는 일본에 전기 구석기 문명이 존재했음을 증명하는 것으로, 당시 세계 고고학계의 주목을 받았지요.

그동안 일본의 구석기 시대는 3만 년 전부터 시작된 것으로 추정되었어요. 우리나라의 구석기 시대가 70만 년 전부터 시작된 데 비해 일본에서 인류가 살기 시작했던 흔적이 3만 년밖에 되지 않는다는 사실에 일본은 자존심이 상했어요. 그러한 가운데 후지무라 신이치라는 학자가 등장한 거예요. 스스로 고고학을 공부해 유적 발굴에 나섰던 후지무라는 1981년 미야기현 사사라기 유적에서 4만 년 전 석기를 발굴하면서 유명해지기 시작했어요. 이후 그가 가는 곳마다 구석기 유물이 출토되어 '신의 손'이라는 별명까지 얻었죠. 그의 발굴로 일본 역사의 시작은 5~7만 년 전에서 무려 60만 년 전까지 올라갈 수 있었어요.

그의 업적은 일본 교과서에 실리고, 그가 발굴한 유적지는 국가 사적으로 지정되었지요. 그런데 그의 성과에는 다음과 같이 의심되는 부분도 있었어요.

1. 후지무라 신이치가 발굴하는 유물마다 점점 이전 시대의 것이 나온다.
2. 방금 캐 낸 유물이라면 촉촉한 흙이 묻어 있어야 하는데 마른 흙이 묻어 있다.
3. 뗀석기를 만든 방법이 옛날의 것과 다르다.
4. 후지무라 신이치는 외국의 연구 제의를 모두 거절했다.

의심스러운 것이 한두 가지가 아니었지만 일본은 애써 외면했어요. 그러던 중 한 신문사의 양심적 기사 보도를 통해 후지무라의 발굴이 조작되었다는 사실이 밝혀졌지요. 왜 이런 일을 벌였느냐는 질문에 후지무라는 이렇게 대답했어요.

"주변의 기대와 요구에 조작을 해서라도 부응하고 싶었습니다."

그동안에도 일부 고고학자들이 발굴의 꿈에 눈이 멀어 두개골이나 유물을 조작하는 경우가 더러 있었어요. 하지만 이 사건은 그것과는 조금 달라요. 일본이 자신들의 역사의 시작을 더 예전으로 올리기 위해 벌인 일이기 때문이에요.

비슷한 예로 고대에 일본이 한반도에 식민지를 두었다는 '임나일본부설'이 있어요. 이를 근거로 일본은 우리나라를 지배하는 것이 타당하다는 터무니없는 주장을 하였지요.

과거에 있었던 모든 일을 직접 겪을 수는 없기 때문에 역사가는 역사적 상상력을 덧붙여 과거의 일을 재현해 냅니다. 하지만 이때의 상상력은 허무맹랑한 것이 아니라 과학적 근거를 바탕으로 해야 해요. 그렇지 않고 이를 이용하여 역사를 자신에게 유리하도록 왜곡하여 해석하는 것은 옳지 않지요. 게다가 역사적 사실 자체를 조작하는 것은 엄연한 범죄 행위예요. 비겁한 방법으로 역사를 가지는 것보다 양심을 지키는 것이 훨씬 더 가치 있는 일이랍니다.

 고종훈의 한국사 브리핑

핵심 분석 ▶ 역사란 무엇인가

QR 코드를 찍으면 고종훈 선생님의 강의를 볼 수 있어요.

역사란? ▶ 과거에 일어났던 사실, 과거 사실의 기록.
역사 시대와 선사 시대를 나누는 기준은? ▶ 문자의 사용
선사 시대를 나누는 기준이 되는 것은? ▶ 도구의 사용
인간이 진화하게 된 결정적 계기는? ▶ 직립보행
역사 연구가 이루어지는 바탕은? ▶ 유물과 유적
역사적 중요도 ▶ ★★☆☆☆
시험 출제 빈도 ▶ 보통

역사를 공부하며 과거를 알고 미래를 준비할 수 있어요.

역사란 과거에 있었던 사실과 역사가의 해석이 결합된 것이에요. 문자(기록) 사용 여부에 따라 문자 사용 이전의 시대를 선사 시대, 문자를 사용한 이후의 시대를 역사 시대로 구분한답니다.

선사 시대를 구분하는 것은 도구의 사용이에요.

선사 시대는 사용한 도구에 따라 석기 시대, 청동기 시대, 철기 시대로 구분할 수 있습니다. 석기 시대 또한 뗀석기와 간석기 중 어떤 것을 사용했는지에 따라 구석기 시대와 신석기 시대로 나뉩니다.

역사를 만드는 것은 인간이에요.

인류는 동물과 달리 두 발로 서서 걷습니다. 이것은 많은 변화를 가져왔어요. 먼저 손으로 도구를 만들어 사용했어요. 또한 오랜 세월을 거치면서 인류는 지능이 발달하였고 불과 언어를 사용하기 시작하였습니다. 이후 인간의 역사는 계속 쌓여 왔고 지금도 인간은 역사를 만들고 있어요.

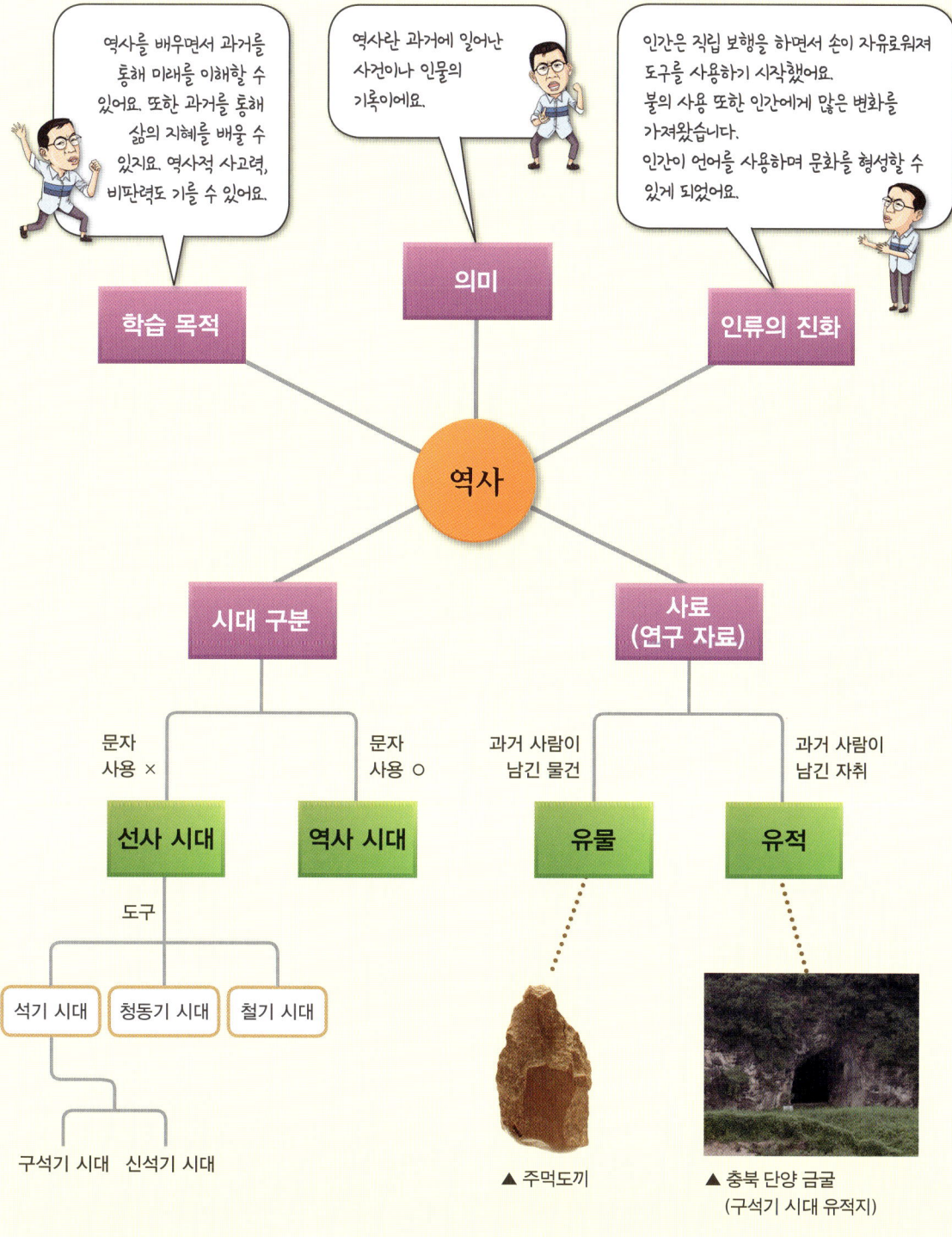

타임라인 뉴스

약 500만 년 전 — 아프리카 대륙에서 인류가 처음으로 나타나다

약 70만 년 전 — 한반도와 만주 일대에 구석기 문화가 나타나다

 ▲ 주먹도끼  ▲ 긁개  ▲ 슴베찌르개

약 4~5만 년 전 — 현생 인류의 직접적인 조상이 나타나다

약 1만 년 전 — 동아시아의 지형이 현재와 같은 모습으로 갖춰지다

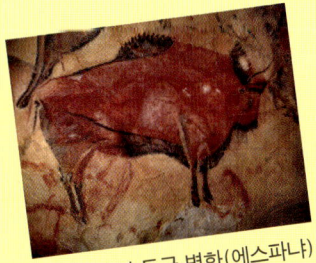
▲ 알타미라 동굴 벽화(에스파냐)

1 구석기 시대 개관 | 심층 취재

생방송한국사

구석기 시대 흥수아이의 하루

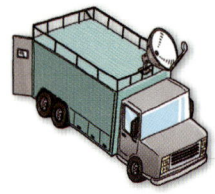

오늘 뉴스 시간에는 구석기 시대 사람들의 생활 모습을 소개해 드리려고 합니다. 이를 위해 저희는 구석기 시대의 한 어린이를 만나 보았는데요. 그 주인공의 이름은 흥수아이입니다. 김역사 기자가 흥수아이의 하루를 밀착 취재했습니다.

흥수아이는 구석기 시대에 살았던 아이로 추정됩니다.

김역사 기자

흥수아이는 키 110~120cm, 나이는 4~6세 정도의 어린아이입니다. 오늘은 흥수아이의 하루를 통해 구석기 시대 사람들의 일상이 어땠는지 살펴볼 거예요.

날이 밝자 흥수아이는 잠에서 깨어났어요. 흥수아이의 가족은 동굴에서 살고 있어요.

"엄마, 배가 고파요."

"어쩌니? 아버지가 어제는 사냥을 해오지 못해서 먹을 게 없는데…."

사냥에 실패하는 것은 자주 있는 일이에요. 하는 수 없이 흥수아이는 숲에 가 풀을 뜯어 먹기로 했어요. 남자 어른들이 사냥을 가면 어린아이와 여자들은 풀을 뜯거나 열매를 따 먹거든요.

어머니는 동굴을 나서는 흥수아이에게 당부했어요.

34 Ⅱ. 구석기 시대

"혼자 가지 마라. 동생도 데리고 가렴. 혼자 다니면 위험하단다."

어머니는 흥수아이가 혼자 다니는 것을 매우 걱정했어요. 언제 무서운 동물들이 공격할지 몰라 어른들도 몇 명씩 같이 다니거든요.

"형, 우리도 이거 가지고 갈까?"

동생이 동굴 앞에서 아버지의 사냥 도구를 집으며 말했어요. 동생이 집어든 것은 큰 돌에서 떼어서 만든 '뗀석기'예요. 구석기 시대를 대표하는 도구이지요. 아버지는 뗀석기로 사냥도 하고 나무도 다듬어요. 하지만 흥수아이와 동생은 아직 어려서 제대로 사용하지 못할 거예요.

흥수아이는 동생과 함께 동굴에서 멀지 않은 숲에서 산딸기를 따 먹었어요. 하지만 그것만으로는 배고픔이 채워지지 않았어요.

"형! 우리도 돌을 깨 볼까!"

숲 속에 큰 바위가 보였어요. 흥수아이와 동생은 달려가 돌을 깨뜨려 보았지만 쉽지 않았어요. 도리어 동생이 돌에 걸려 넘어져 그만 옷이 찢어지고 말았어요. 동생이 입고 있는 옷은 동물의 가죽으로 만든 옷이에요. 얼마 전에 아버지가 사냥에 성공해 고기는 식구들이 맛있게 먹고 가죽으로는 엄마가 옷을 만들어 준 것이었어요. 동생은 울음을 터뜨렸어요. 흥수아이는 동생을 달래 주었지요.

"오늘은 분명 아버지가 사냥에 성공했을 거야. 그럼 그 동물의 가죽으로 어머니께 새 옷을 지어 달래자."

흥수아이와 동생은 서둘러 동굴로 돌아왔어요. 사냥을 마친 아버지와 남자 어른들은 이미 동굴로 돌아와 있었어요. 그런데 모여 앉은 어른들의 얼굴 표정이 어두웠어요.

흥수아이

충북 청원군 두루봉 동굴에서 발견된 아이의 뼈예요. 약 4만 년 전의 사람으로 추정하지요. 이것을 제일 먼저 발견한 사람의 이름이 '김흥수'라 '흥수아이'라고 부르기 시작했어요.

"내일 이사를 가기로 했단다." 어머니가 말했지요.

"또 이사를 가나요?"

"어쩔 수 없단다. 이제 이 주변에는 사냥할 짐승도, 따 먹을 열매도 없으니 말이야. 또 식량을 찾아 떠나야지. 내일 동굴에 있는 사람들과 함께 가기로 했단다." 아버지가 말했어요.

이사할 때마다 사람들은 30~40명씩 무리지어 이동했어요. 그래야 사나운 짐승의 공격도 막고 먹을 것을 얻기도 쉽거든요. 먹을 것을 찾아 떠나지만 그곳이 어디인지 아무도 알지 못해요. 그래도 날이 춥지 않은 게 어디겠어요? 지난 번에 이사할 때는 너무 추워 얼마나 힘들었다고요.

홍수아이는 일찌감치 자려고 누웠어요. 동생은 하루종일 먹을 것을 찾느라 힘들었는지 벌써 곯아떨어졌어요. 내일부터는 한참을 걸어야 할 거예요. 아마도 무척 고단한 하루가 되겠지요.

스페셜뉴스 취재 수첩

구석기 시대 사람의 생김새는 어떠할까?

김역사 기자

우리나라의 여러 곳에서 구석기 시대의 흔적들이 발견되었는데요.
그중에는 그 당시 사람으로 추정되는 유골도 있답니다.
지금까지 발견된 구석기 시대 사람들을 한번 살펴볼까요?

승리산인 1972년에 평안남도 덕천군 승리산 동굴에서 사람의 뼈가 발견되었어요. 발견된 지역의 이름을 따서 '승리산인'이라고 부르는 이 사람은 35세 정도로 추정되어요.

역포아이 1977년, 평양시 역포구역 대현동 구석기 유적에서 발견된 '역포아이'는 출토된 머리 뼈의 상태와 크기 등으로 미루어 보아 7~8세 정도의 여자아이일 것으로 추정되어요.

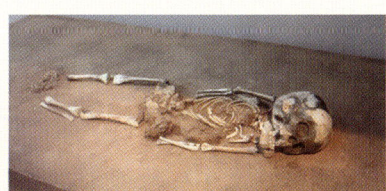

흥수아이 1983년 충북 두루봉 동굴 유적에서 발굴된 흥수아이는 구석기 시대의 어린아이 화석이에요. 발견 당시 반듯이 누워 있는 형태였는데, 그 옆에서 꽃의 흔적이 발견되었어요. 이것을 통해 당시 사람들도 죽음에 대해 슬퍼하면서 나름의 장례 의식을 치렀다는 것을 알 수 있어요.

구석기 시대는 오늘날의 환경과 차이가 있는 만큼 사람들이 생긴 모습도 다르답니다. 구석기인의 두개골은 계란형에 뒤통수 뼈가 나와 있고 눈썹 뼈의 돌출이 심한 편이며 코 뼈 구멍이 넓어요. 그리고 그들은 오늘날의 우리들보다 지능이 낮았다고 해요.

2 도구 | 인물 초대석

생방송 한국사

구석기 시대의 도구, 뗀석기

여러분, 뗀석기라는 말을 들어보셨습니까? 뗀석기는 구석기 시대의 대표적인 도구입니다. 오늘은 뗀석기 전문가인 박석기 씨를 모시고 구석기 시대의 도구에 대해 자세히 알아보도록 하겠습니다. 먼저 자기소개 부탁드립니다.

박석기

안녕하세요? 뗀석기 전문가 박석기예요. 뗀석기는 곧 구석기 시대를 의미할 정도로 중요한 도구인데요. 먼저 뗀석기가 무엇인지 알아보도록 하지요.

　뗀석기는 돌을 깨뜨려서 만든 도구예요. 주로 큰 돌에 힘을 가하거나 다른 물체와 부딪히게 해 조각을 떼어 내는 방법으로 만들어요. 뗀석기라는 이름도 이러한 이유로 붙여진 것이지요.

그럼 그냥 깨진 돌 아닌가요? 굳이 뗀석기라는 이름을 붙일 필요가 있나요?

어쩌면 여러분은 그냥 돌인데 뗀석기라는 이름을 붙여서 특별하게 생각하는 것이 이해가 되지 않을 수도 있어요. 그 중요성을 크게 느끼지 못할 수도 있고요.

38 Ⅱ. 구석기 시대

떼석기가 그냥 돌이 아니라 떼석기인 것은 구석기 시대의 사람들이 '목적'을 가지고 떼석기를 만들어 사용했기 때문이에요.

목적이요? 조금 더 자세히 설명해 주시겠습니까?

구석기 시대 사람들은 사냥을 하거나 나무를 다듬는 것과 같이 생활에 사용하려는 목적을 가지고 돌을 깨뜨려 떼석기를 만들었어요. 특정한 '목적이 있는 돌'이기 때문에 떼석기가 의미가 있는 거지요. 산이나 강가에서 흔히 볼 수 있는 돌과 달리 떼석기는 구석기 시대의 사람들이 필요해서 만들어 낸 발명품인 거예요.

그렇군요! 그렇다면 목적에 따라 다양한 모양의 떼석기가 만들어졌나요?

그렇습니다. 아마 처음에 사람들은 하나의 떼석기를 여러 **용도**로 두루 사용하였을 거예요. 그러다가 점차 용도에 따라 다양한 떼석기를 만들게 된 거지요.

용도
쓰이는 길. 또는 쓰이는 곳

아무래도 사냥을 할 때와 사냥한 고기를 자를 때 각각 필요한 도구가 다르겠네요. 그럼 떼석기의 종류에 대해 설명해 주시겠습니까?

먼저 제가 가져온 주먹도끼를 한번 보세요. 어떤 느낌이 드나요? 손에 쥐면 쏙 들어 올 것 같지 않나요?

주먹도끼는 손에 쥐고 쓸 수 있는 형태의 도끼입니다. 찍는 날과 자르는 날이 모두 있기 때문에 주먹도끼를 사용해 짐승을 사냥할 수도 있고, 사냥한 동물의 털과 가죽을 분리할 수도 있어요. 그뿐만 아니라 고기를

▲ 주먹도끼

자르거나 땅을 팔 때도 유용하게 쓰였지요. 주먹도끼 하나만 있으면 뭐든지 할 수 있었답니다. 가장 대표적인 뗀석기이죠.

그렇군요. 그런데 이건 좀 평평해 보이네요?

이건 긁개라고 합니다. 사냥한 짐승의 가죽을 벗겨 손질하는 데 주로 사용했어요. 계속해서 다른 것도 같이 볼까요?

찌르개는 주먹도끼보다 작고 끝부분이 뾰족한 것이 특징이에요. 그 옆에 있는 것은 슴베찌르개인데요. 슴베는 칼이나 호미 등의 자루 속에 들어박히는 뾰족하고 긴 부분을 말해요. 슴베찌르개는 창끝에 매어서 사용하였어요. 이러한 찌르개로는 주로 동물 가죽에 구멍을 뚫거나 동물을 사냥할 때 창처럼 찌르는 도구로 사용했어요.

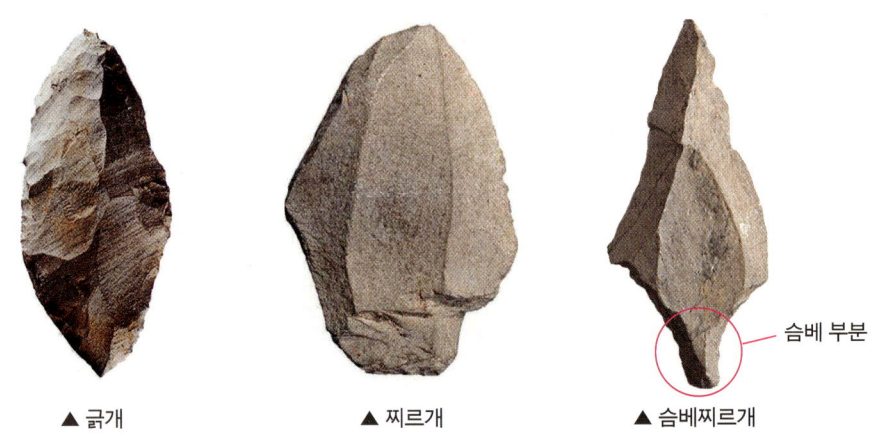

▲ 긁개　　▲ 찌르개　　▲ 슴베찌르개　　슴베 부분

그렇군요. 용도에 따라 모양새가 각기 다르네요. 또 다른 것도 있습니까?

물론이죠. 이것은 찍개라고 합니다. 찍개는 나무를 다듬거나 사냥할 때에 주로 사용한 것입니다. 사냥해 온 동물의 뼈를 찍

▲ 찍개　　▲ 자르개　　▲ 뚜르개

어 골수를 먹기도 하였어요. 동물의 살을 토막내기도 하였고요. 찍개는 보통 큰 자갈돌의 한쪽 또는 양쪽을 떼어 내서 만들지요.

자르개는 그 이름처럼 무언가를 자르는 데 사용되었지요. 뚜르개는 동물 가죽에 구멍을 뚫어 옷을 만들어 입을 수 있게 하는 도구였답니다.

꽤 다양하네요. 마지막으로 뗀석기를 만드는 방법을 설명해 주시겠습니까?

사용할 목적에 맞게 돌을 떼어 내는 것이 쉬운 작업이라고는 할 수 없어요. 딱딱한 돌을 다루는 것도 매우 힘들고요. 그래서 다른 돌, 동물 뼈나 뿔 등을 이용해 돌을 떼어 내기도 해요. 이렇게 돌을 깨어 떨어져 나간 조각, 혹은 원래의 돌을 그대로 사용하기도 하고, 떨어져 나간 조각을 다시 손질하여 사용하기도 해요.

네, 좋은 말씀 감사합니다. 구석기 시대를 대표하는 뗀석기에 대해 알아보았는데요. 각 도구의 쓰임을 통해 구석기 시대의 생활 모습도 상상해 볼 수 있을 것 같군요.

대한민국의 자랑스런 고고학자, 손보기

1964년 공주 석장리에서 처음으로 구석기 시대의 유물이 발굴되었어요. 이로써 한반도의 역사는 수십만 년 전으로 앞당겨졌어요. 이때 핵심적인 역할을 한 사람이 바로 고고학자 손보기 선생이에요.

그 전까지 구석기 시대에 대한 연구는 활발하게 진행되지 못하였어요. 이는 일본의 영향 때문이기도 하였는데요. 제2차 세계 대전 이전까지만 해도 일본에는 구석기 시대가 존재하지 않는다고 여기는 것이 대부분의 학설이었어요. 그래서 일본의 역사학자들은 우리나라에도 구석기 시대가 없다고 주장했어요. 식민지인 우리나라가 일본보다 역사가 오래되었다고 생각하고 싶지 않았으니까요. 이러한 분위기는 광복 이후에도 계속되었지요.

그러나 손보기 선생의 생각은 달랐어요. 그는 우리나라에도 구석기 시대가 존재하지 않을까 의문을 품은 거예요.

결국 그는 1960년대에 많은 사람들의 반대를 무릅쓰고 공주 석장리에서 발굴 사업을 진행했어요. 그 결과 놀라운 업적을 이루어 냈어요. 발굴을 시작한 공주 석장리에서 약 70만 년 전의 유물이 발견된 거예요. 손보기 선생이 발견한 것은 단순한 유물이 아니라 우리의 역사 그 자체였지요.

42 Ⅱ. 구석기 시대

그 유물들을 직접 보고 싶다고요? 당시 발견된 유물들은 현재 '공주 석장리 박물관'과 '파른 기념관'에 전시되어 있습니다. '파른'은 손보기 선생의 호예요.

손보기 선생은 뗀석기, 주먹도끼, 찌르개 등 대부분의 구석기 유물들에 이름을 붙여준 사람이기도 합니다. 그 전에는 타제석기, 마제석기 등 일본식 한자어로 된 명칭을 사용하였어요. 그래서 이름만으로는 무슨 뜻인지 잘 모르는 경우가 많았지요.

손보기 선생은 석기의 쓰임새가 잘 드러나는 우리말 이름을 붙여 주었어요. 자르개, 찌르개 등의 이름을 들으면 이것이 무엇에 쓰는 도구일지 바로 추측해 볼 수 있지요? 이게 다 손보기 선생 덕분이에요. 더구나 그 이름들이 순우리말이니 나라를 생각하는 선생의 마음이 느껴져 더 의미가 있어요.

그뿐만 아니라 손보기 선생은 고려의 금속활자가 독일의 구텐베르크가 발명한 금속활자보다 200여 년이나 앞섰다는 사실을 밝혀내기도 하였어요. 이쯤되면 우리 역사에 대한 손보기 선생의 애정과 열정이 대단하였다는 것을 알 수 있지요?

손보기 선생은 일제 강점기 때 어린 시절을 보냈어요. 그 당시 선생이 다니던 학교 앞에는 경찰서가 있었는데, 그 앞을 지날 때면 늘 두려운 마음으로 걸음을 서둘렀다고 해요. 어릴 적 일본 순사에게 맞은 기억이 남아 있었거든요. 학교 앞 경찰서에는 늘 붉은 등이 걸려 있었는데, 그래서인지 선생에게 붉은 색은 평생 좋지 않은 기억을 떠올리게 했어요. 붉은색과 대비되는 푸르름을 뜻하는 '파른'을 자신의 호로 삼을 정도였지요.

일본의 식민 지배에 대한 저항 의식을 바탕으로 일본의 역사 왜곡에 맞섰던 손보기 선생. 그는 우리의 역사를 연구하고 널리 알려 민족의 자긍심을 높이고자 애쓴 사람이었답니다.

▲ 공주 석장리 박물관의 전시실

3 먹을거리 | 심층 취재

구석기 시대의 먹을거리

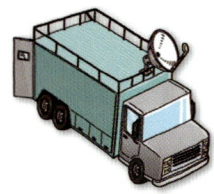

구석기 시대에 사람들은 무엇을 먹고 살았을까요? 오늘 한 청년이 '구석기 시대에 잘 먹고 잘 사는 법'에 대해 강연을 한다고 합니다. 강연을 듣기 위해 많은 사람들이 모였는데요. 현장에 나가 있는 김역사 기자가 강연을 앞두고 있는 김사냥 씨를 만났습니다.

김사냥

구석기 시대에 잘 먹고 잘 사는 법이란 어렵지 않아요! 그저 몸을 부지런히 움직이면 됩니다. 무슨 이야기냐고요? 먹을 것을 구하려면 직접 발로 뛰어야 한단 말입니다.

구석기 시대에 먹을거리를 구하는 방법은 크게 세 가지로 나뉩니다.

김역사 기자

1. 수렵(사냥)
2. 채집
3. 낚시

먼저 수렵(狩獵)이란 산과 들, 강과 바다 등에 살고 있는 새나 짐승, 물고기 등을 잡는 것을 말합니다. 같은 의미로 사냥이라고도 해요.

II. 구석기 시대

수렵을 위한 도구는 아시다시피 뗀석기를 이용해요. 수렵은 혼자 힘으로는 하기 힘들어요. 날렵하고 힘센 짐승을 혼자서 감당하기란 어려운 일이거든요. 그래서 우리들은 무리를 이루어 먹잇감을 찾아다니지요. 아무래도 거친 숲 속을 헤매고 다녀야 하기 때문에 여자나 아이보다는 어른 남자들이 주로 나서게 되지요. 그렇다고 해도 사냥에 성공하는 날보다 실패하는 날이 대부분입니다. 안타깝게도 고기는 쉽게 먹을 수 있는 음식이 아니지요.

채집(採集)은 주로 풀이나 과일, 버섯 등을 따는 것으로, 먹을거리를 구하는 중요한 방법이에요. 주로 여성들과 노인들이 맡고 있지요.

행여 독이 든 풀을 먹어도 되는 풀인 줄 알고 뜯을 위험도 있기 때문에 서로 간에 도움은 꼭 필요해요. 채집은 수렵보다는 음식을 구할 확률이 높아서 대부분 채집으로 끼니를 잇는다고 해도 틀리지 않아요.

그 다음은 낚시입니다. 낚시에 성공하는 날도 굉장히 운이 좋은 날이에요. 처음에는 맨손으로 고기를 잡았지만 점차 작살이나 낚싯바늘 등 도구를 이용하게 되었어요.

지금까지 말씀드린 내용이 도움이 되셨나요? 마지막으로 사냥을 하거나 채집을 할 때에는 꼭 여럿이 무리를 지어 다니세요. 먹을거리를 찾다가 우리가 도리어 먹을거리가 되면 안 되니까요!

먹을거리를 찾아 이동하는 사람들

구석기 시대의 사람들은 한 곳에 머물지 않고 자주 이동하며 살았어요. 그 이유는 먹을거리 때문입니다. 아무리 식물과 동물이 풍부한 땅이라고 해도 먹다 보면 없어지기 마련이니까요. 그러면 또다시 먹을 것이 풍족한 곳을 찾아 떠나야 했어요.

네, 말씀 잘 들었습니다. 구석기 시대 사람들은 주로 자연환경 속에서 먹을거리를 얻었고, 먹을거리를 찾는 것이 무엇보다 중요했던 것 같습니다.

기필코 사냥에 성공할 거야!

하루 종일 비가 온 날

비가 계속 와서 어른들은 사냥을 가지 못했다. 너무 배가 고파서 엄마와 다른 아줌마들, 아저씨들과 함께 비를 뚫고 숲에 가 보았지만 마땅히 먹을 만한 게 없었다. 그나마 누군가 산딸기 열두 개를 따서 똑같이 나눠 먹었다. 우리는 음식을 공평하게 나누어 먹는다. 누군가가 더 많이 구했다고 해서 더 많이 먹지 않는다. 우리는 늘 서로가 필요하고 서로에게 도움을 주어야 하기 때문이다. 내일은 비가 그쳤으면 좋겠다. 배가 고프다. 항상 배가 고프다는 생각만 든다.

비가 그치고 개인 날

어디에 가면 먹을 것을 구할 수 있을까? 늘 그 생각뿐이다. 먹을 것을 찾아 강가에도 가 보고 숲 속에도 가 봤지만 토끼 한 마리도 보이지 않았다. 어느새 어두워져 동굴로 돌아와 보니 다른 사람들이 풀을 많이 뜯어 왔다. 그나마 다행이었다. 이제 나도 제법 키도 크고 힘이 세어져 사냥에 따라 나서려고 한다. 어른들은 사냥은 매우 위험하다며 걱정을 하신다. 나도 조금 겁이 나기도 한다. 하지만 사냥에 성공해 고기를 짊어지고 동굴로 돌아오는 상상을 하면 겁이 나는 것쯤은 이겨낼 수 있다.

흐린 날

아침에 일어나니 아기 울음소리가 들렸다. 우리 동굴에서 아기가 태어난 것이다. 이로써 사람이 한 명 더 늘었다. 아기의 작은 손과 발이 앙증맞았다. 조금 후에 뗀석기들을 챙겨 들고 남자 어른들과 함께 사냥을 나갔다. 산속을 한참 돌아다니다 멧돼지를 만나고 말았다. 멧돼지는 우리를 향해 돌진했다.

"도망쳐!"

우리는 멧돼지를 보고 너무 놀라 정신없이 도망쳤다. 그런데 얼마 전에 다리를 다쳐 빨리 달리지 못하는 아저씨를 향해 멧돼지가 돌진했다. 멧돼지는 아저씨를 밟고 지나가 버렸다. 아저씨는 그 자리에서 죽었다. 사냥을 나간 사람들이 돌아오지 못하는 것은 흔히 있는 일이었다. 하지만 내 눈앞에서 죽을 줄이야…. 우리 동굴에서 한 사람이 태어나고 한 사람이 죽은 것이다. 이러니 우리는 사람 수가 증가하지 못한다.

맑고 깨끗한 날

어느덧 사냥도 익숙해졌다. 여전히 사냥을 나갔다 죽을 뻔하는 일이 많지만 오늘은 운이 좋은 날이었다. 토끼와 새를 잡았고 어느 짐승이 먹고 남긴 고기도 주워 왔다. 오랜만에 동굴은 활기가 넘쳤다. 우리는 고기를 불에 구워 맛있게 먹었다. 얼마 만에 먹는 고기인지. 내일 그 숲에 한 번 더 가봐야겠다.

바람이 많이 분 날

풀도 열매도 동물도 구하지 못해 아무 것도 못 먹은 지 사흘째다. 벌써 두 명이나 굶어 죽었다. 아무리 돌아다녀도 아무것도 없다. 동굴 주변에 있는 먹을거리는 우리가 다 먹어치운 모양이다. 결국 우리 동굴에 사는 사람들 모두 이사를 가기로 했다. 내일 아침 일찍 떠나기로 했는데 배가 고파서 얼마나 걸을 수 있을지 모르겠다. 얼마 전 태어난 아기도 배가 고픈지 울음소리조차 힘이 없는 것 같다.

4 주거지 | 심층 취재

생방송 한국사

구석기 시대의 주거 생활

속보입니다. 산속의 한 동굴에서 사람이 살았던 흔적이 발견되었다고 합니다. 이 동굴에서는 누가 살았던 걸까요? 그들은 이곳에서 어떻게 살았을까요? 김역사 기자가 그 현장에 나가 있습니다. 김역사 기자, 자세한 소식 전해 주시죠.

이 동굴에 살았던 사람들은 구석기인들이라고 합니다.

김역사 기자

구석기 시대 사람들은 대체로 동굴에서 살았어요. 집 짓는 기술이 발달하지 못했기 때문이기도 했고, 무엇보다 먹을거리를 찾아 이동하며 살았기 때문에 매번 집을 새로 지을 필요가 없었을 겁니다.

동굴 이외에도 암벽 위쪽이 기울어지거나 아래쪽이 움푹 들어가서 비나 햇빛을 피할 수 있는 바위 그늘에서도 많이 살았어요. 동굴을 찾기 어려운 강가에서는 근처 언덕에 나무줄기 같은 것을 얽어 간단하게 집을 짓고 살기도 했지요. 이렇게 지은 집을 '막집'이라고 부릅니다.

▲ 막집

48 Ⅱ. 구석기 시대

▲ 충북 단양 금굴 | 이곳에서 구석기 시대의 흔적이 발견되었어요.

▲ 알타미라 동굴 벽화(에스파냐) | 구석기 시대의 동굴 벽화예요.

알타미라 동굴 벽화
구석기 시대 동굴 벽화예요. 구석기 시대의 것으로 추정하고 있는데 동굴 천장에 매머드·들소·사슴 등이 잘 묘사되어 있어요.

출토
땅속에 묻혀 있던 물건이 밖으로 나옴. 또는 그것을 파냄

구석기 시대 사람들은 무엇을 입었을까?
최초에 인간은 아마 동물처럼 옷을 입지 않았을 거예요. 그러다가 몸의 중요한 부분을 가리거나 추위를 막기 위해 옷을 입었을 것으로 추측해요. 처음에는 나뭇잎이나 풀을 이용해 옷을 지어 입다가 점차 짐승 가죽을 이용해 옷을 만들어 입었어요. 구석기 유적에서 사슴 뼈가 많이 발견되는 것으로 보아 사슴 가죽으로 옷을 많이 해 입었을 것으로 생각하고 있어요.

동굴에서는 어떻게 살았나요?

동굴 안의 모습을 상상해보세요. 동굴 안은 어둡고 축축하지만 비바람을 막아 주고 사나운 짐승들로부터 몸을 보호할 수 있는 곳이었지요.

또, 추위를 이기기 위해 불을 피워 놓고 살았습니다. 구석기 시대에 사람이 살았던 동굴에서는 당시 사람들이 그린 벽화가 발견되기도 했어요.

벽화요? 동굴 벽에 그림을 그렸다는 겁니까?

네, 그렇습니다. 주로 사냥의 대상이 되는 들소, 사슴, 말, 곰 등의 동물들을 그렸어요. 아마도 이런 동물들을 잡는 데 성공하게 해 달라는 바람을 담아 그렸던 것으로 보입니다.

또, 동굴에서는 실제로 쓰였던 뗀석기나 호랑이, 사슴, 말, 원숭이, 코뿔소, 코끼리 등의 뼈가 많이 **출토**되었어요. 이를 통해 당시 사람들의 생활 모습을 짐작해 볼 수 있지요.

스페셜뉴스  체험! 역사 현장

구석기 시대로 떠나는 여행 스케치

김역사 기자

구석기 시대의 모습이 생생하게 느껴지는
이곳은 전곡리 선사 유적지입니다.

▲ 아슐리안 주먹도끼(위)와 그레그 보웬(아래)

경기도 연천군 전곡읍 전곡리는 1978년에 동아시아 최초로 아슐리안 주먹도끼가 발견된 곳이에요. 아슐리안 주먹도끼는 한쪽은 둥글게 반대쪽은 뾰족하게 날을 세운 뗀석기로, 단순히 돌 끝을 깨뜨려 만든 찍개보다 훨씬 더 발달된 형태예요. 프랑스의 생 아슐 지방에서 처음 발견되어 그 지역의 이름을 따서 주먹도끼의 이름을 지은 것이죠.

우리나라에서 아슐리안 주먹도끼가 발견된 것은 세계 고고학계를 들썩이게 할 만큼 커다란 사건이었어요. 그동안 아슐리안 주먹도끼는 유럽과 아프리카에서만 발견되는 것으로 알려져 있었거든요. 그런데 전곡리 한탄강변 유원지에서 고고학을 전공한 미군 병사가 아슐리안 주먹도끼를 발견한 거예요.

 50 Ⅱ. 구석기 시대

이 발견으로 '아슐리안 주먹도끼는 아시아 지역에는 나타나지 않는다.'는 학설이 깨졌고, 아시아 지역의 선사 문화가 유럽·아프리카의 수준에 미치지 못한다는 서구 학자들의 편견도 깨졌어요.

한탄강변에서 아슐리안 주먹도끼가 발견된 것을 계기로 전곡리 선사 유적지의 발굴이 시작되었어요. 1979년부터 2009년까지 모두 17차례에 걸쳐 고고학 조사가 이루어졌답니다. 그리고 이러한 전곡리 유적을 보존하기 위해, 또 구석기 시대의 문화를 체험하고 이해를 돕기 위해 전곡 선사 박물관이 세워졌어요.

이 박물관에 가면 1978년과 1979년, 연천 전곡리 유적에서 발견된 최초의 주먹도끼들이 전시되어 있어요. 또한 약 700만 년 전의 투마이로부터 약 1만 년 전의 만달인까지 총 14개체의 화석 인류를 과학적인 방법으로 복원하여 전시하고 있어요. 이를 통해 현재의 우리가 어떻게 진화하여 왔는지를 알아볼 수 있지요.

숲을 터전으로 살아가던 초기의 인류가 살아남기 위해 환경에 적응해야 했던 일들을 다양한 동물 박제 등을 이용해 구성해 놓은 공간도 따로 마련되어 있지요. 또, 최초의 아시아 호모 에렉투스가 아프리카를 빠져나와 유럽과 인도뿐만 아니라 중국과 인도네시아 같은 아시아까지 널리 퍼져 나간 것도 확인할 수 있고요.

불 피우기, 석기 만들기, 막집 짓기 등 구석기 시대의 생활을 직접 체험해 볼 수 있는 공간도 마련되어 있답니다.

이번 주말 가족들과 함께 구석기 시대로 시간 여행을 떠나보면 어떨까요? 여러분이 공부한 것을 부모님이나 동생에게 설명해 주는 것도 뜻깊은 경험이 될 거예요.

 고종훈의 **한국사 브리핑**

핵심 분석 ▶ 구석기 시대

QR 코드를 찍으면 고종훈 선생님의 강의를 볼 수 있어요.

시대 ▶ 약 70만 년 전~약 1만 년 전
화제의 인물 ▶ 흥수아이, 역포아이, 승리산인
식사 메뉴 ▶ 주로 열매, 물고기, 가끔 고기
자주 사용하는 도구 ▶ 주먹도끼, 슴베찌르개 등 뗀석기
유명 예술 작품 ▶ 알타미라 동굴 벽화
역사적 중요도 ▶ ★★☆☆☆
시험 출제 빈도 ▶ 보통

구석기에는 뗀석기를 사용했어요.

뗀석기는 돌을 깨뜨려서 만든 도구예요. 구석기 시대 사람들은 사용 목적에 따라 주먹도끼, 찍개, 찌르개, 긁개 등 다양한 뗀석기를 만들어 사용하였습니다.

수렵과 채집을 통해 먹을 것을 얻었어요.

구석기 사람들은 주로 사냥, 채집, 낚시 등을 통해 생활하였고, 이를 위해 무리를 지어 살았습니다. 또한 머무는 곳에서 먹을 것이 다 떨어지면 먹을거리를 찾아 이동하며 생활하였어요.

주로 동굴에서 생활했습니다.

구석기 사람들은 추위를 피해 동굴이나 바위 그늘에서 주로 살았어요. 그들은 동굴에 동물 그림을 그리며 사냥의 성공을 기원하기도 했지요. 나뭇잎이나 풀을 엮어서 옷을 만들어 입다가 점차 짐승 가죽을 이용해 옷을 만들어 입었어요.

시대 관계 분석

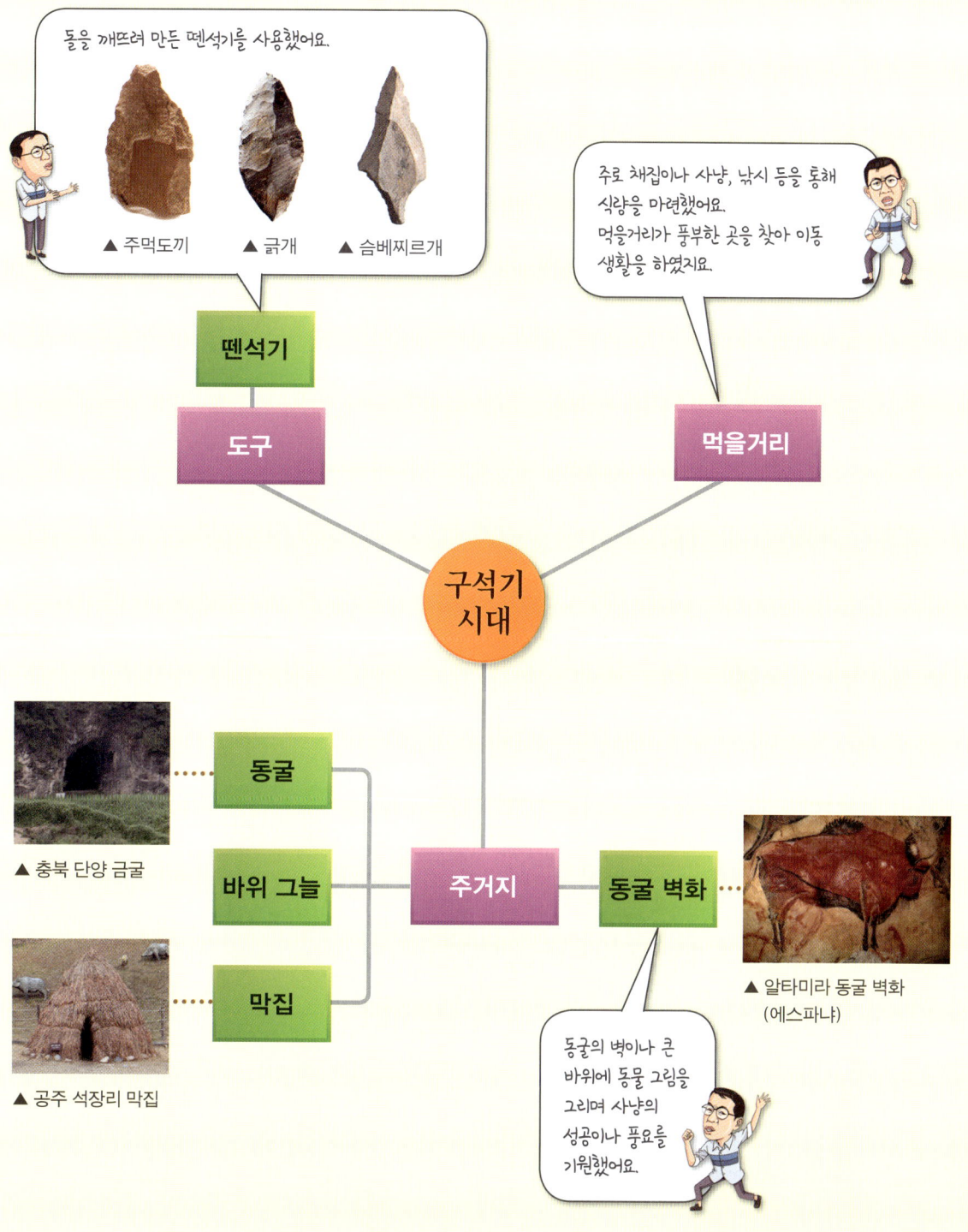

Ⅲ 신석기 시대

농사를 짓기 시작하다

시대 기원전 8000년경 ~ 기원전 2000년경

타임라인 뉴스

기원전 8,000년 경

- 한반도와 만주 일대에 신석기 시대가 시작되다

- 자연환경과 기후 환경이 오늘날과 비슷해지다

▲ 움집

- 간석기를 만들기 시작하다

▲ 갈판과 갈돌

- 뼈바늘을 이용해 옷을 만들어 입기 시작하다

◀ 가락바퀴

- 농사가 처음 등장해 조, 피, 수수 등을 재배하기 시작하다

- 빗살무늬 토기 등 다양한 토기를 사용하다

빗살무늬 토기 ▶

기원전 2000~1500년 경

- 한반도에 청동기 문화가 시작되다

1 신석기 시대 개관 | 심층 취재

생방송 한국사

신석기 시대 모루의 하루

신석기 시대에는 구석기 시대보다 기후가 따뜻해져 사람들의 생활 모습이 크게 달라졌다고 하는데요. 신석기 시대 사람들은 어떻게 살았을까요? 오늘 뉴스에서는 신석기 시대의 아이 모루의 하루를 통해 신석기 시대 사람들의 생활 모습을 생생하게 전해 드립니다.

신석기 시대의 기후 변화는 사람들의 생활 모습을 크게 바꾸었습니다.

김역사 기자

구석기 시대는 빙하기였기 때문에 많은 곳들이 얼음으로 덮여 있었습니다. 당연히 기온도 낮았겠지요? 사람뿐만 아니라 많은 생물체들이 살기에 어려운 환경이었지요. 하지만 약 1만 년 전 드디어 오랜 빙하기가 끝나고 지구의 자연환경이 오늘날과 비슷해졌어요. 빙하가 녹아 바다와 강의 면적이 넓어지고 물이 풍부해졌거든요. 강이나 바다에 사는 생물체들이 살기 좋은 환경으로 바뀐 거지요.

날씨가 따뜻해지자 추운 날씨에 적응해 살아왔던 몸집이 큰 동물들은 점차 사라지고 토끼나 사슴, 노루 같은 작은 동물들이 늘어났어요. 강과 바다에는 물고기가 넘쳐났지요. 사람들의 입장에서 보자면 이는 곧 먹을거리가 풍부해졌다는 것을 뜻해요. 이처럼 자연환경이 바뀌면서 사람들의 생활에도 많은 변화가 일어났어요.

모루는 바로 이런 신석기 시대에 살고 있는 꼬마아이예요. 모루는 아버지가 돌을 날카롭게 갈아 석기를 만드는 것을 구경하고 있어요. 아버지가 만드는 것을 후대 사람들은 '**간석기**'라고 불러요. 모루의 아버지는 손재주가 좋기로 마을에서 유명했어요. 모두들 아버지가 만든 '간석기'를 보면 감탄했지요.

간석기

돌을 갈아서 만든 신석기 시대의 도구예요. 돌을 갈면 훨씬 뾰족하게 만들 수 있어 사용하기에 더 편리한 도구를 만들 수 있어요.

모루네 집은 바다 근처에 있어요. 신석기 시대에 사람들은 주로 강이나 바다 근처에 집을 짓고 살았거든요. 구석기 시대에 사람들은 먹을거리를 찾아 이곳저곳 떠돌아다니며 살았지만, 이제는 강과 바다에 물고기가 많아 그 근처에 머물며 살게 된 것이지요.

모루는 친구들과 신나게 물고기를 잡았어요. 조개도 많이 주웠답니다. 친구들 중에 낚시 도구를 가지고 온 아이가 있어서 낚시도 할 수 있었어요. 먹을 것도 구하고 물놀이도 한 모루는 신이 나 움집으로 돌아왔지요.

움집 안에서 어머니는 가락바퀴로 실을 잣고 계셨어요. 삼이라는 식물의 겉껍질을 벗겨 내면 하얀 속껍질이 나오는데, 이걸 재료로 가락바퀴를 이용하여 실을 만드는 거예요. 이렇게 만들어진 실로 어머니는 옷감을 짜서 모루에게 예쁜 옷을 만들어 주시겠죠?

"엄마! 물고기랑 조개를 이만큼 많이 잡아 왔어요!"

모루가 잡은 물고기와 조개를 내려놓으며 말했어요. 어머니는 그런 모루를 보며 빙그레 웃으셨어요. 어머니 옆에는 못 보던 **빗살무늬 토기**가 여러 개 있어요. 빗살무늬 토기는 흙을

▲ 가락바퀴 | 가락바퀴는 가운데 구멍에 막대를 꽂아 회전시켜 실을 뽑는 도구예요.

▲ 빗살무늬 토기 | 곡식을 저장하거나 요리를 할 때 사용하였어요.

빚어 불에 구워 만든 그릇으로 밑이 뾰족한 모양이에요. 그릇에 빗살무늬를 새겨 빗살무늬 토기라고 불러요.

모루는 빗살무늬 토기 안을 들여다 보았어요.

"엄마, 이게 뭐예요?"

"수수 씨앗이란다."

"내일은 수수를 심나요?"

"그래, 지금 아버지가 밭을 갈고 계셔."

신석기 시대에 사람들은 농사를 짓기 시작했어요. 주로 수수나 조 등을 재배하였지요. 벼농사는 훨씬 나중에 시작된답니다. 농사를 짓게 되면서 사람들은 먹을 것을 찾아 이동할 필요가 없어졌고 한곳에 머물러 사는 정착 생활을 하게 되었어요.

"참, 모루야! 돼지 먹이 좀 주렴."

신석기 시대에 사람들은 집에서 짐승을 기르기 시작했어요. 그러면 사냥을 하지 않아도 되었거든요. 돼지에게 먹이를 주는 것은 모루의 역

할이랍니다.

"내일은 농사가 잘되라고 모두 모여 기도를 한다네."

저녁을 먹으면서 아버지가 어머니에게 말씀하셨어요.

"아버지, 저도 따라 갈래요. 그런데 무엇에게 기도해요?"

"해님과 구름님에게 기도할 거야. 날씨가 좋게 해 달라고."

큰 비나 가뭄은 농사를 망치고, 바다에서 폭풍이 몰아치면 큰 파도가 마을을 휩쓸어 버리기도 하지요. 사냥을 나갔다가 동물의 공격을 받아 다치거나 죽을 수도 있어요. 신석기 시대 사람들은 이러한 자연의 변화나 위협에 대처할 수 있는 방법이 많지 않았지요. 그래서 사람들은 인간 생활에 영향을 미치는 자연물을 숭배하였어요. 자연물에 영혼이 깃들어 있다고 믿었던 것이죠. 모루네 마을에서는 '곰'이 마을을 지켜 주는 신성한 존재라고 믿고 있답니다.

모루는 이제 자려고 눕습니다. 내일도 할 일이 아주 많으니까요.

 스페셜뉴스 체험! 역사 현장

신석기 시대로 떠나는 여행 스케치

김역사 기자

저는 지금 신석기 시대 사람들의 생활 모습을 직접 보고 체험해 볼 수 있는 곳이 있다고 해서 나와 있습니다. 저와 함께 신석기 시대 사람들이 살던 마을로 함께 가 볼까요?

신석기 시대 사람들은 주로 강이나 바다 근처에서 살았어요. 그곳에서는 물고기나 조개 등 먹을거리를 구하기가 쉬웠거든요. 그래서 신석기 시대부터 사람들은 먹을 것을 찾아 옮겨 다니지 않고 마을을 이루어 살기 시작했어요. 신석기 시대 사람들이 어떤 모습으로 살았는지 직접 보고 싶은데 아쉽다고요? 실망하지 마세요! 오늘날에도 그 풍경을 직접 볼 수 있으니까요! 타임머신을 타고 먼 옛날로 가 볼 수는 없지만, 대신 그때의 모습을 재현해 놓은 곳이 있거든요. 바로 서울 암사동 유적이에요.

 서울 암사동 유적은 1925년 을축년 대홍수로 인해 세상에 알려지게 되었어요. 홍수 때문에 흙이 쓸려 가면서 오랜 시간 땅속에 숨어 있던 토기들이 세상에 드러나게 된 거예요. 하지만 당시에는 홍수로 인해 유적이 대부분 파괴되었다고 생각해서

▲ 서울 암사동 유적의 움집 내부

유물을 채집하는 것에 그쳤다고 해요. 그 후 암사동 유적은 오랫동안 방치되어 있었답니다. 그러다가 1967년부터 다시 발굴이 시작되었어요.

서울 암사동 유적은 우리나라의 대표적인 신석기 시대 유적지이지요. 이곳에서는 신석기 시대의 많은 흔적들이 발견되었어요. 지표면에서 땅을 파고 바닥을 둥글거나 네모꼴 형태로 만든 집터도 많이 발견되었는데요. 여러 집들이 한데 모여 있던 것으로 보아 신석기 시대의 사람들이 집단생활을 했다는 것을 짐작할 수 있습니다.

집터 내부에서는 빗살무늬 토기를 비롯하여 그물추, 갈판, 갈돌, 돌화살촉, 돌도끼, 긁개 등 다양한 유물이 출토되었어요. 그리고 중앙에는 불을 피울 수 있는 화덕이 있었어요. 그뿐만 아니라 불탄 기둥도 발견되어 이를 통해 집안에서 불을 피웠다는 것을 알 수 있지요.

현재 서울 암사동 유적에 가면 아홉 채의 움집이 복원되어 있어요. 발굴 당시의 움집터 위에 약 2m 두께의 흙을 덮고 그 위에 가상으로 복원했기 때문에 실제를 훼손하지 않았다는 점에서 의미가 있지요. 9개의 움집 중 한 곳은 일반인들에게도 개방이 되어 있어 안으로 들어가 보면 신석기 시대 사람들의 생활 모습을 한눈에 확인할 수 있어요. 빗살무늬 토기를 비롯해 발굴된 유물들도 볼 수 있고요.

서울 암사동 유적에서는 움집 만들기나 도기 만들기 등도 체험해 볼 수도 있어요. 신석기 시대로 시간을 거슬러 올라가 신석기 문화를 직접 느낄 수 있겠죠?

1970년대 전까지만 해도 팔당댐에서 한남대교에 이르는 한강변 좌우에는 수많은 선사 시대 유적이 펼쳐져 있었다고 해요. 그러나 그 주변 지역을 개발하면서 그 많던 유적지가 훼손되고 말았어요. 정말 안타까운 일이지요.

서울 암사동 유적과 같은 문화유산은 과거 우리 선조들의 생활 모습을 알 수 있게 해 준다는 점에서 매우 가치가 높아요. 우리는 이러한 문화유산을 잘 보존하고 우리의 후손들에게 물려주어야 할 책임이 있다는 점을 기억해야 합니다.

2 도구 | 인물 초대석

생방송 한국사

[단독] 신석기 시대의 도구 발견!

신석기 시대에는 구석기 시대보다 더 다양한 도구들을 만들어 사용했다고 합니다. 이번 뉴스 시간에는 신석기 시대에 사용했던 도구들에 대해 알아볼 텐데요. 김역사 기자가 신석기 시대 유물을 수집하고 있는 정박사 님을 만났습니다.

정박사

신석기 시대를 대표하는 도구는 간석기입니다. 간석기는 돌을 갈아서 만든 석기예요. 그래서 뗀석기보다 매끈하고 날카로운 형태로 만들 수 있어 사용하기에 편리했어요. 목적에 맞게 갈아서 썼다는 점에서 돌을 깨뜨려 만든 뗀석기보다 발전된 형태라고 볼 수 있어요.

뗀석기보다 모서리가 예리해 사냥을 할 때 훨씬 더 쓸모가 있었겠는데요?

작고 날쌘 동물들을 잡기가 더 쉬웠을 것입니다. 동물들의 입장에서는 끝이 뾰족하고 날카로운 간석기로 공격을 받으면 이전보다 훨씬 더 충격이 컸을 테고요. 이 돌화살촉을 보세요. 이전보다 훨씬 사냥의 성공률이 높아졌겠지요? 신석기 시대에는 이외에도 다양한 도구들이 나타납니다. 함께 보시죠.

▲ 돌화살촉 | 화살 끝에 박아 사용한 것으로 화살이 이용되었음을 알 수 있어요.

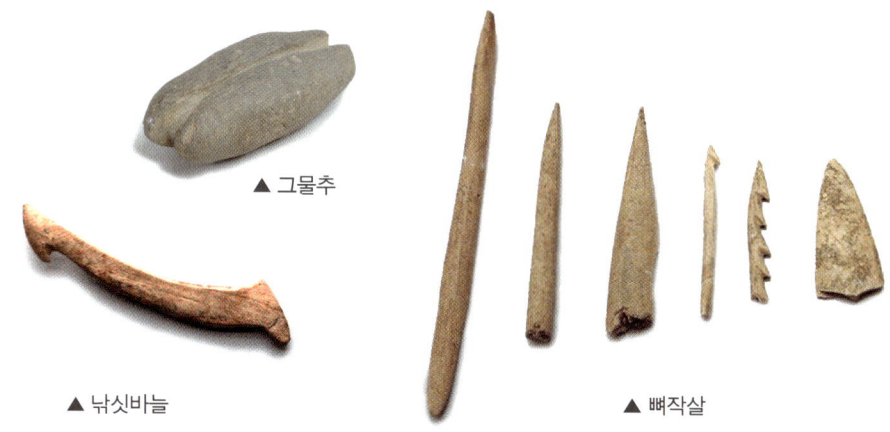

▲ 그물추

▲ 낚싯바늘   ▲ 뼈작살

저 동글동글한 그물추도 사냥 도구인가요?

 그물추는 물고기잡이에 이용해요. 그물에 매달면 물속에서 중심을 잡아 주기 때문에 거센 물살에서도 흔들리지 않지요. 낚싯바늘과 뼈작살은 주로 동물의 뼈로 만들었어요. 동물의 뼈를 갈아서 뾰족하게 한 다음 물고기를 잡는 데 사용했어요.

신석기 시대에는 농사를 짓기 시작했잖아요. 농사에 활용할 수 있는 간석기 도구들도 많이 만들어졌나요?

물론입니다. 목적에 맞게 잘 만들어진 것들이 너무 많아 깜짝 놀라실 듯합니다. 제가 모은 간석기 농사 도구를 보여 드리죠.

돌괭이로는 밭을 갈거나 땅을 팠어요. 돌괭이와 비슷한 용도로 쓰인 것으로 돌보습이 있어요. 돌보습은 땅을 가는 데 쓰였지요. 돌도끼는 나무를 베는 용도로 쓰였습니다. 돌낫은 곡식을 **추수**할 때 요긴하게 쓰였고요. 갈돌과 갈판은 세트로 사용하는 거예요. 넓적한 갈판 위에 곡식을 올려 놓고 갈돌을 이용해 곡식의 껍질을 벗기거나 가루를 내는 거죠.

추수
가을에 익은 곡식을 거두어들임

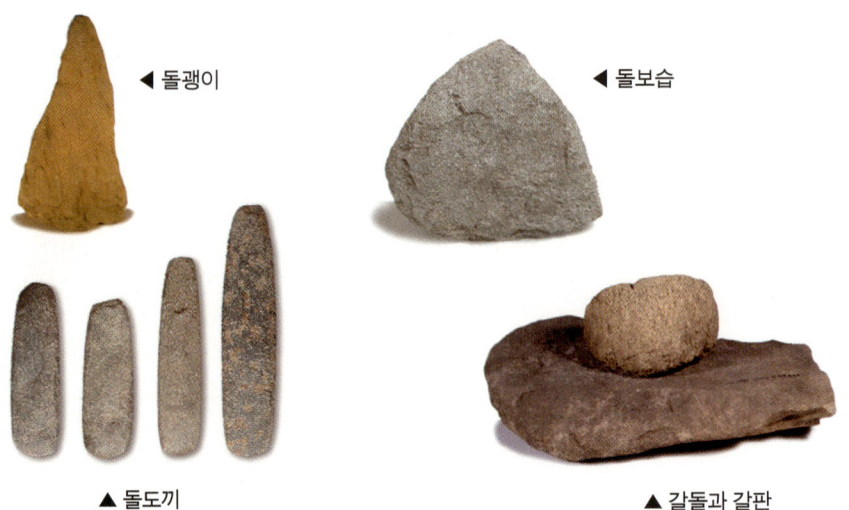

◀ 돌괭이   ◀ 돌보습

▲ 돌도끼   ▲ 갈돌과 갈판

신석기 시대의 유물은 정말 구경할 것이 많네요!

이것으로 끝나면 섭섭합니다. 신석기 시대의 대표 유물 하나가 남아 있거든요. 바로 빗살무늬 토기입니다. 토기의 표면에 빗살같은 무늬가 많이 들어가 있지요? 그래서 빗살무늬 토기라고 부른답니다. 여러분이 아는 그릇의 용도처럼 곡식을 담아두거나 음식을 요리할 때 쓰였어요.

보시는 것처럼 빗살무늬 토기의 바닥은 뾰족합니다. 신석기 시대 사람들은 강이나 바다 근처에서 주로 살았어요. 아마도 모래 바닥에 토기를 꽂아 고정시켜 놓고 사용했을 것 같네요.

▲ 빗살무늬 토기 | 흙으로 빚은 뒤 불에 구워 만들었어요.

신석기 시대에는 음식을 따로 보관해 둘만큼 식량이 풍부해졌다는 것도 알 수 있는 부분이네요. 지금까지 신석기 시대의 도구들에 대해 알아보았습니다.

 그때 그 물건

도전! 빗살무늬 토기 만들기

김역사 기자

신석기 시대 사람들이 사용했던 대표적인 토기인 빗살무늬 토기!
다음의 순서대로 빗살무늬 토기를 직접 만들어 보는 시간을 가져 보도록 해요.

1. 진흙에 물을 섞어 반죽하기

2. 반죽을 긴 띠로 만들어 모양 만들기

3. 표면 다듬기

4. 무늬 새기기

5. 말리고 굽기

6. 완성

왜 신석기 시대 사람들은 토기에 무늬를 새겼을까요?
　어떤 사람들은 빗살무늬의 모습이 물결이나 햇살을 뜻한다고 주장해요. 자연의 풍요로움을 기원하는 마음을 담아 새겼다는 거지요. 또 어떤 사람들은 토기를 구울 때 더 단단해지라고 무늬를 새겼을 것이라고 해요. 음식을 조리할 때 파인 무늬 사이로 불이 더 잘 닿게 하기 위한 것이라고 생각하는 사람들도 있어요. 밋밋한 모습보다 아름답게 하기 위해서라고 하는 사람들도 있고, 풀을 엮어 만들어 사용했던 그릇의 문양과 비슷하게 하기 위해서라고 주장하는 사람들도 있어요.
　확실한 건 없어요. 그러나 빗살무늬를 왜 새겼을까 상상하는 과정 속에서 우리는 그 시대를 좀 더 이해할 수 있게 된답니다. 자, 여러분의 생각은 어떤가요?

3 먹을거리 | 헤드라인 뉴스

신석기 시대의 먹을거리

오늘은 신석기 시대 사람들이 열심히 기른 농작물을 추수하는 날이라고 합니다. 올해는 날씨가 좋아 유난히 농사가 잘 되었다는데요. 그래서인지 마을에는 웃음소리가 가득합니다. 지금 추수 현장에 김역사 기자가 나가 있습니다.

신석기 시대에는 농사를 짓기 시작했습니다.

김역사 기자

구석기 시대 사람들은 먹을 것을 찾아 무리를 지어 자주 이동하며 살았지요? 하지만 신석기 시대에는 어디 있을지 모르는 식량을 찾아 헤맬 필요가 없어졌어요. 농사를 지으면 안정적으로 식량을 공급받을 수 있거든요. 그래서 사람들은 떠돌아다니는 생활을 그만두고 한곳에 머무르게 되었어요. **정착** 생활을 시작하게 된 것입니다. 이제 사람들은 더 이상 동굴에서 살지 않고 평지에 집을 짓기 시작했고, 곡식을 저장해 둘 곳도 마련했답니다. 그밖에도 많은 변화가 나타났습니다.

신석기 시대에 나타난 이러한 변화를 신석기 **혁명**이라고 불러요. 당시 사람들의 생활 모습이 크게 바뀌었기 때문에 '혁명'이라는 말을 붙인 거지요.

그럼 추수를 하고 있는 박농사 씨의 이야기를 들어볼까요?

박농사

오늘 추수하는 것은 수수예요. 신석기 시대 사람들은 콩이나 조, 팥, 피, 수수 같은 곡식을 심었습니다. 쉽게 구할 수 있는데다 기르기도 좋았거든요. 씨앗을 뿌리고 키우는 과정이 힘들지만 오늘 같은 날이면 기분이 참 좋아요. 씨앗 한 알을 심으면 수십 수백 알을 거둘 수 있으니까요. 오늘은 마을 잔치도 하기로 했어요. 그동안 마을에서 함께 키운 돼지를 잡을 거랍니다. 하하!

정착
일정한 곳에 자리를 잡아 붙박이로 있거나 머물러 삶

혁명
이전의 관습이나 제도, 방식 따위를 단번에 깨뜨리고 질적으로 새로운 것을 급격하게 세우는 일

목축
다양한 가축을 가두어 기름

신석기 시대에는 농경과 함께 **목축**도 시작되었습니다. 처음으로 사람들이 키우기 시작한 동물은 개와 돼지였어요. 동물을 키워서 새끼를 낳으면 그 수가 늘어나고, 필요할 때 잡아먹을 수 있었지요. 그뿐만 아니라 개는 사냥을 할 때 사냥감을 찾아내고 쫓는 데 도움을 주었어요. 짐승을 기르게 된 것도 사람들의 생활 모습을 변화시킨 큰 요인이랍니다.

신석기 시대에 농경과 목축이 시작되어 사람들의 생활이 크게 변화되었지만 여전히 수렵이나 채집 생활도 함께 이루어졌는데요. 신석기 시대에도 여전히 사냥은 중요했어요. 구석기 시대와는 달리 사슴, 노루, 멧돼지 등 비교적 작은 짐승을 사냥하였지요.

특히 물고기는 당시 사람들에게 중요한 먹을거리였어요. 신석기 시대의 사람들은 강과 바다 근처에서 주로

살았는데, 강과 바다에서 먹을 것을 많이 구할 수 있었기 때문이었어요. 따라서 고기잡이를 위한 도구도 많이 발전했지요. 앞서 살펴본 것처럼 작살이나 낚싯바늘을 만들어 고기잡이에 이용했고, 그물추를 매단 그물로 한꺼번에 많은 고기를 잡기도 했지요. 또, 바닷가에는 조개가 넘쳐났습니다. 물고기를 잡지 못해도 바닷가에 있는 조개를 주워 먹으면 되었어요. 조개도 중요한 식량이었답니다.

혹시 조개무지라고 들어 보셨나요? 조개무덤 또는 패총(貝塚)이라고도 하는데, 조개껍데기가 쌓이면서 흙과 뒤섞여 언덕을 이룬 것을 말해요. 우리나라는 남해안에서 많이 발견되지요.

그런데 발굴된 조개무지 안에는 조개껍데기뿐만 아니라 물고기 뼈, 짐승 뼈 등 당시 사람들이 먹은 것들, 부러진 바늘이나 깨진 토기 같이 못쓰게 된 살림살이들도 발견되었어요. 심지어 무덤이 발견된 것도 있다고 하네요. 이것으로 미루어 보아 조개무지는 단순히 조개를 먹고 껍데기를 버린 곳이라기보다는 신석기 시대 사람들의 공동 작업장이 아니었을까 생각됩니다. 공동체 생활을 하던 신석기 시대에 사람들이 다 함께 조개를 잡고 한곳에서 껍데기를 벗긴 장소가 조개무지로 발견된 것은 아닐까요?

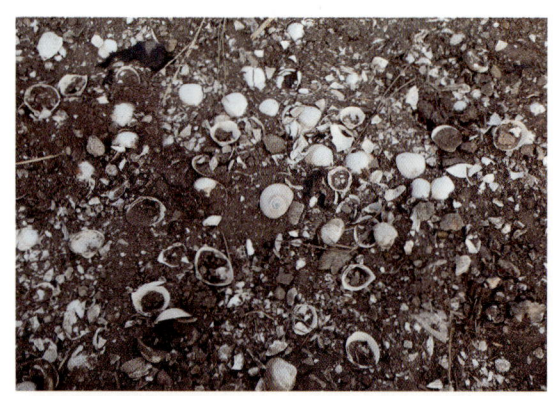
▲ 부산 동삼동 조개무지

지금까지 살펴본 바와 같이 신석기 시대에 이르러 사람들은 자연에 적응하고 이용하려는 모습을 보여 주고 있습니다. 앞으로 사람들의 생활 모습은 어떻게 변화될지 계속해서 전해 드리겠습니다.

 인물 인터뷰

할머니에게 듣는 "옛날 옛적에~"

안녕하세요. 저는 이 마을에서 가장 오래 산 유노인이라고 합니다. 올해 나이 99살이지요.

오늘은 신석기 마을에서 가장 오래 사신 할머니에게 농경과 목축에 대한 뒷이야기를 들어보겠습니다. 할머니, 사람들은 어떻게 농사를 짓게 되었나요?

유노인

제가 아주 어렸을 적에 들은 이야기입니다. 우리의 조상들은 먹을 것을 찾아 이동하면서 살고 있었대요.

그런데 어느 날, 누군가 무심코 과일을 먹고 난 후 씨앗을 한곳에 모아 버렸는데 비가 오고 해가 뜨고 지면서 여러 날이 지나자 그 자리에서 싹이 난 거예요. 싹은 쑥쑥 자라더니 얼마 후 열매를 맺는 것이 아니겠어요? 그 모습이 신기했던 사람들은 너도 나도 먹고 남은 씨앗을 땅에 심어 보았지요. 그랬더니 그동안 온 사방을 헤매야 겨우 구할 수 있었던 먹을거리들이 씨앗을 심은 자리에서 나기 시작하는 겁니다.

그때부터 사람들은 먹을 것을 찾아 헤매는 생활을 그만두고 본격적으로 농사를 짓기 시작했다고 하더군요.

우연한 발견으로 농사가 시작된 거네요. 그럼 목축은 어떻게 시작되었나요?

목축도 우연히 시작되었어요. 유난히 사냥이 잘된 어느 날이었지요. 누군가 운 좋게도 돼지를 살아 있는 채로 잡은 거예요. 사람들은 죽은 동물을 먼저 먹고 다음날 돼지를 잡아먹기로 했어요. 그런데 이 돼지가 그만 밤새 새끼를 낳은 거예요. 알고 보니 새끼를 가진 돼지였던 거죠.

이후 사람들은 이렇게 동물들을 집에서 기르면 힘들게 사냥을 하지 않아도 된다는 것을 깨달았어요. 그래서 저마다 가축들을 기르기 시작한 거죠.

농경과 목축은 우연히 시작된 거네요. 하지만 우연히 일어난 일에서 새로운 발견을 하지 못했다면 인류의 생활에 큰 영향을 미친 농경과 목축은 이루어지지 않았겠죠? 우연을 기회로 삼아 발전시킨 신석기 시대 사람들에게 큰 박수를 보냅니다!

4 주거지 1 | 헤드라인 뉴스

생방송 한국사

신석기 시대에 사람들은 움집을 짓고 마을을 이루어 살았는데요. 오늘 대대적으로 움집을 분양한다고 해서 저희 촬영팀이 출동했습니다. 좋은 움집을 분양한다는 소식을 듣고 많은 사람들이 모였는데요. 그 현장에 김역사 기자가 나가 있습니다.

신석기 시대에 사람들은 정착 생활을 했습니다.

김역사 기자

신석기 시대에 이르러 농사를 짓기 시작하면서 사람들은 한곳에 정착하여 살았다는 사실을 알고 계실겁니다. 더 이상 먹을 것을 찾아 헤맬 필요가 없어진 거지요. 게다가 농사를 짓는 데는 오랜 시간이 걸렸거든요. 그러니 다른 곳으로 떠나지 않고 한곳에서 머물러 살게 된 것이에요.

사람들은 저마다 곡식이 잘 자라고 먹을 것을 구하기 유리한 땅에 집을 짓고 살기 시작했어요. 이때의 집을 움집이라고 하는데요. 신석기 시대에 사람들은 움집을 짓고 마을을 이루며 살았어요.

움집을 지을 때는 보통 땅을 50~100cm 정도 깊이로 둥글게 파고, 바닥을 평평하게 고릅니다. 그리고 나서 나무로 기둥을 세우고 갈대나 억새를 엮어 벽과 지붕을 덮으면 완성입니다. 신석기 시대의 집터를 살펴보면 이런 움집이 한곳에 15~20개 정도 모여 있답니다. 이를 통해 당시 사람들이 마을을 이루고 살았음을 알 수 있는 거예요. 대체로 4~5명이 살기에 적합한 크기의 움집이 많은 것으로 보아 신석기 시대 가족 구성원의 수가 대략 그 정도일 것으로 짐작됩니다.

그런데 움집을 지을 때 왜 땅을 움푹 팠을까요? 움집을 만든 김목수 씨의 이야기를 들어보겠습니다.

김목수 사실 신석기 시대에는 집 짓는 기술이 크게 발전하지 못했어요. 우리의 기술로는 기둥을 높게 만들어 고정시키는 것이 어려웠어요. 그래서 지붕을 낮게 세워야 했지요. 지붕이 낮아지니 천장도 낮아지겠죠? 그럼 집 안에서 생활하기에 불편하잖아요. 그래서 땅을 파 천장에 머리가 닿지 않도록 한 겁니다.

그런데 땅을 파 집을 지으면서 또 다른 효과를 덤으로 얻었다고 합니다. 자연스럽게 실내 온도 조절 효과를 보게 된 것이지요. 땅속은 여름에는 시원하고 겨울에는 따뜻하거든요. 지하실을 생각하면 쉬워요. 이처럼 신석기 시대 사람들은 자연을 슬기롭게 이용하고 있습니다. 지금까지 신석기 시대의 움집에 대해 설명드렸는데요. 분양을 원하시는 분은 서둘러 주세요!

▲ 신석기 시대의 움집

4 주거지 2 | 헤드라인 뉴스

신석기 시대의 정보를 담고 있는 탄화 곡식

긴급 속보입니다. 지금 움집에 불이 났다고 합니다. 주민들은 온 동네가 불길에 휩싸일까 두려워하며 물을 길어와 불을 끄려 노력하고 있는데요. 현장에 나가 있는 김역사 기자를 불러 보겠습니다. 김역사 기자, 지금 현장 상황은 어떠한가요?

지금은 다행히 불길이 잡혀 어느 정도 진화되었습니다.

김역사 기자

움집에 불이 난 까닭은 움집 안에 있는 화덕 때문일 것으로 추측하고 있습니다. 신석기 시대의 움집 안에는 중앙에 화덕이 자리하고 있는데요. 이 화덕은 움집에서 여러 가지 역할을 합니다. 물을 끓이거나 요리를 하는 데 이용할 수 있고, 집 안을 따뜻하게 하는 데도 큰 역할을 하지요. 또 화덕에 불을 피워 놓으면 깜깜한 어둠을 밝히는 데도 도움이 됩니다. 하지만 집 안에 불을 피워 놓다 보니 아무래도 불이 날 가능성이 높다는 문제가 있지요. 이번에 일어난 화재도 화덕에서 시작된 것으로 보고 있어요.

화재로 인한 피해 규모는 얼마나 되나요?

마침 도토리와 조를 수확한 지 얼마 안 된 터라 불이 난 움집 안에는 꽤 많은 식량이 보관되어 있었다고 합니다. 그중 대부

분이 이번 화재로 인해 탄화된 상태로 발견되었습니다. 안타까운 일이에요.

▲ 탄화 곡식

탄화된 상태라는 말이 생소한데요.

'탄화'란 어떤 물질이 불에 타서 자기가 본래 지니고 있던 성분을 잃어버리고 탄소 성분만 남아 있는 것을 말합니다. 예를 들어 볼까요? 모닥불에 감자를 구워 먹는다고 생각해 보세요. 감자의 안쪽 부분은 맛있게 익지만 불이 닿은 겉껍질은 새까맣고 단단하게 타버리죠? 이런 부분이 탄화된 것이에요.

아, 나무를 태워서 숯을 만드는 것과 비슷하군요?

네, 맞습니다. 숯을 만드는 것은 탄화의 대표적인 예라고 할 수 있어요. 일단 탄소덩어리가 되고 나면 더 이상 미생물에 의해 **부식**되지 않기 때문에 썩지도 않게 됩니다. 그렇기 때문에 신석기 시대의 유적에서는 탄화된 곡식이 종종 발견되곤 합니다. 발견된 탄화 곡식은 후대의 학자들에게 귀중한 연구 자료가 되지요.

네, 잘 들었습니다. 불이 난 것은 안타까운 일이지만 그로 인해 생긴 탄화 곡식이 후대의 학자들에게 연구 자료가 된다니 역사란 참 재미있다는 생각이 듭니다.

규모
사물이나 현상의 크기나 범위

부식
썩어서 문드러짐

스페셜뉴스 - 현장 브리핑

신석기 시대의 러브 하우스

새신랑 박잉꼬

안녕하세요? 곧 결혼하는 새신랑 박잉꼬라고 합니다. 오늘 저는 신부와 함께 살 보금자리인 '움집'을 만들 것이랍니다. 마을 분들이 함께 도와주시기로 하셨어요. 지금부터 신석기 시대의 움집은 어떻게 만드는지 살펴보시죠!

1. 좋은 땅을 고른 뒤 원하는 모양으로 땅을 판다.

집을 지을 땐 좋은 땅을 고르는 것이 첫 번째예요. 예를 들어 흙에 습기가 많은 땅은 좋지 않겠죠? 비가 오면 땅이 더 질어질 테니까요.

마음에 드는 땅을 찾았다면 이제 원하는 모양으로 땅을 파면 됩니다. 대부분 둥근 모양이나 사각형으로 틀을 잡아요. 저는 저의 신부가 둥근 모양의 바닥을 원하기 때문에 바닥은 둥근 모양으로, 앞으로 태어날 아이까지 생각해서 4명 정도의 가족이 살기 적당한 크기로 땅을 팔 거예요.

땅을 파는 깊이는 50∼100cm 정도면 적당합니다. 땅을 파는 이유는 여러분도 아시죠? 땅을 파면 기둥을 높이 세울 필요도 없고, 추운 겨울에는 따뜻하고 더운 여름에는 시원하게 지낼 수 있거든요. 땅을 판 뒤에는 바닥을 다져야 합니다. 생활하기 좋게 평평하게 다져 주세요.

바닥을 다질 때 덤불을 덮고 불을 질러 바닥을 더 단단하게 하는 경우도 있답니다. 흙을 구워 도자기를 만들듯이 말이에요. 저도 그렇게 해서 더 튼튼한 집을 만들 생각이에요.

2. 화덕을 설치할 자리를 만든다.

움집의 중앙에는 화덕을 설치해야 해요. 화덕은 매우 중요해요. 요리도 하고 불로 어둠을 밝히기도 하고 또 집안을 따뜻하게 해 줄 수 있으니까요. 참, 화덕 옆에 저장 구덩이를 파는 것을 잊으면 안 돼요! 음식을 만들 때 필요한 것들을 여기에 보관해야 하거든요.

3. 기둥을 세우고 까치구멍을 만들 자리를 생각해 둔다.

이제 움집에 기둥을 세웁니다. 바닥의 둘레를 따라 일정한 간격으로 나무들을 세우는 거예요. 이때 까치구멍을 만들 자리를 잊어서는 안 됩니다. 까치구멍은 쉽게 말하면 환기 구멍이에요. 움집 안에 화덕이 있기 때문에 연기가 빠져 나가고 맑은 공기가 들어올 구멍이 필요하거든요. 까치구멍! 꼭 기억하세요!

4. 억새나 갈대로 지붕을 덮는다.

기둥을 다 세웠다면 이제 억새나 갈대로 지붕을 덮어요. 꼼꼼하게 잘 덮어야 해요. 그래야 거센 비바람으로부터 우리를 지켜 줄 수 있을 테니까요. 자, 어떻습니까? 멋진 집이 지어졌지요? 저는 여기서 이제 새신부와 함께 알콩달콩 살 거예요. 부럽죠?

5 입을거리 | 인물 초대석

신석기 시대의 패션을 소개합니다!

지금 신석기 시대 최고의 패션 디자이너 김의복 씨의 집에 사람들이 바글바글 모여 있다고 합니다. 김의복 씨가 예쁜 옷을 만드는 기술을 알려 준다고 해서라는데요. 김역사 기자가 김의복 씨를 만나 보았습니다.

김의복

안녕하세요? 옷 만드는 김의복이에요. 구석기 시대 사람들은 처음엔 풀을 엮어 입었다고 해요. 그러다가 쉽게 해어지지 않는 동물의 가죽을 옷처럼 걸쳐 입었지요. 신석기 시대에 이르러서야 옷감으로 옷을 지어 입을 정도가 되었어요.

옷을 만들려면 옷감이 필요한데, 옷감은 어떻게 만들었나요?

섬유
대단히 길고 가늘며 연하게 굽힐 수 있는 천연 또는 인조의 물체를 말해요. 천과 같은 직물의 원료가 된답니다.

옷감은 식물에서 **섬유**를 뽑아내어 만들어요. 보통 삼이라는 식물을 이용하지요. 삼의 겉껍질을 벗겨 내면 하얀 속껍질이 나오는데, 이걸 물에 불렸다가 몽둥이로 두들기면 가는 섬유가 한 올 한 올 떨어져 나와요. 이걸 꼬아서 실로 만들죠. 바로 이때 가락바퀴가 꼭 필요해요. 가락바퀴를 보면 중앙에 둥근 구멍이 뚫려 있지요? 그 구멍에 가락바퀴의 축이 될 막대를 넣고 고정시켜요. 그리고 막대에 섬유를 잡아매고 막대를 돌려서 실을 꼬는 거예요. 그렇게 섬유가 꼬이면서 삼 실이 만들어지고, 이것이 둥글둥글하게 말려 실타래가 생기는 거예요. 이 실을 이용해 옷감을 만들지요.

▲ 가락바퀴

가락바퀴만 잘 사용하면 좋은 실을 많이 얻을 수 있겠군요!

 그렇지요. 그런데 옷을 만들기 위해 하나 더 필요한 게 있어요. 이 실을 꿰어서 옷을 만들 바늘이 있어야겠지요? 옷을 만들고 싶다면 뼈바늘도 꼭 준비해야 해요. 뼈바늘은 주로 동물의 뼈를 날카롭게 갈아 실을 꿰어 쓸 수 있도록 만들어요. 제가 쓰는 뼈바늘도 사냥으로 잡은 동물의 뼈로 만든 거예요. 가느다란 뼈의 끝부분 중앙에 구멍을 낸 것이죠.

▲ 가락바퀴로 실을 만드는 법

그렇군요. 가락바퀴와 뼈바늘만 있다면 예쁜 옷을 만들 수 있겠네요.

 하지만 이것으로 옷만 만들었던 것이 아니랍니다. 이렇게 얻은 실로 그물을 짜서 물고기를 잡는 데 이용하기도 했어요.

▲ 뼈바늘

네, 말씀 감사합니다. 신석기 시대에 사람들은 드디어 실을 뽑아 옷감을 만들고 옷을 만들어 입었습니다. 그리고 이렇게 만든 실로 그물을 짜 물고기를 잡는 데 이용하기도 했지요. 신석기 시대에 사람들의 생활이 여러 가지 면에서 변화하고 있다는 것을 알 수 있는 시간이었습니다.

 문화계 소식

신석기 시대 패션 위크! S/S 장신구 패션쇼 현장

김역사 기자

누구나 자신을 아름답게 가꾸고 싶어 하지요. 그것은 신석기 시대의 사람들도 마찬가지였어요. 그들은 자신들이 구할 수 있는 재료를 다듬어 멋진 장신구들을 만들었지요. 마침 신석기 시대의 장신구 패션쇼가 열리고 있다고 합니다. 그 현장으로 여러분을 초대합니다!

지금 걸어 나오는 모델의 팔을 주목해 주세요. 먼저 보여드릴 것은 꾸미개입니다. 요즘으로 치면 팔찌라고 할 수 있어요. 조개껍데기나 동물의 뼈를 이용해서 만들었다고 하네요.

이번에는 목걸이입니다. 동물의 이빨을 다듬어 엮어 목걸이로 만든 것이 인상적이네요. 아, 목걸이뿐 아니라 발찌로도 만들었군요. 어느 짐승의 이빨인지 알아볼 수 없을 정도로 예쁘게 다듬은 모습이 보기 좋습니다.

가리비 가면도 있습니다. 눈 있는 곳에 구멍이 뚫린 것이 실제 가면같죠? 하지만 이것은 크기로 볼 때 진짜 얼굴을 가리는 것이 목적이 아니라 징식용으로 민든 깃이라고 보는 것이 맞을 듯 하네요. 모델은 목걸이에 달았습니다.

이번에 나오는 모델의 머리를 잘 보세요. 머리에 무언가를 꽂고 있는데요. 그렇습니다. 저것은 동물의 뼈로 만든 비녀입니다. 뒤꽂이라고 하지요. 예쁘게 다듬어 머리에 꽂으니 아름답지요? 이 자리에 모인 많은 여성분들의 눈이 반짝이고 있네요.

이번 패션쇼를 준비한 앙드레 신석기예요~. 저희 패션쇼를 찾아 주신 여러분께 매우 감사드립니다~. 신석기 시대의 장신구들은 대개 조개껍데기와 동물의 뼈를 많이 이용했어요. 신석기 시대에도 이러한 장신구들을 모두 똑같은 모양으로 만들지는 않지요. 저마다 자신의 취향대로 예쁘게 만들어 차고 다녔어요. 또, 사람이 죽으면 장신구로 꾸며 주면서 저세상에서 편안하게 살기를 기원하기도 했답니다.

앙드레 신석기

6 문화 | 심층 취재

생방송한국사

신석기 시대 사람들의 생활 모습

오늘 신석기 시대의 한 마을에서는 한바탕 소동이 일어났다고 합니다. 곰에게 제사를 지내던 중 때마침 산에서 곰이 내려왔기 때문이라는데요. 그런데 이 마을에서는 왜 곰에게 제사를 지냈을까요? 김역사 기자가 신석기 시대의 문화에 대해 취재했습니다.

> 신석기 시대에 사람들은 농사를 지으며 한곳에 머무르는 정착 생활을 했습니다.

김역사 기자

그러다 보니 자연스럽게 가족들끼리 모여 생활하게 되었죠. 아들, 딸들이 결혼하여 근처에 살면서 또 아들, 딸을 낳고…. 이런 식으로 신석기 시대는 **씨족** 중심의 사회가 되었어요. 같은 조상을 가진 사람들끼리 한 마을을 이루며 사는 거지요. 이들의 수가 점점 많아지면 하나의 부족이 되는 것이고요. 그렇다면 이들의 결혼 문화는 어떠했을까요? 신석기 시대 장미 마을에 사는 박씨씩 어린이의 이야기를 들어보겠습니다.

박씨씩

저는 너무 슬퍼요. 제가 제일 좋아하는 우리 누나가 곧 결혼을 하거든요. 누나는 이웃 백합 마을에 사는 남자와 결혼을 한대요. 이제 누나는 우리 마을에 살지 않게 된 거예요. 그래도 백합 마을이 이곳에서 멀지 않으니 가끔은 볼 수 있겠죠?

80 Ⅲ. 신석기 시대

신석기 시대에는 **족외혼**이 이루어졌어요. 같은 씨족끼리의 결혼을 금지한 거예요. 족외혼은 이후의 시대에서도 나타납니다.

한편, 신석기 시대는 모든 사람이 평등한 사회였어요. 지배하는 사람과 지배받는 사람이 구분되지 않았고, 부자나 가난한 사람으로 나뉘지도 않았어요. 신석기 시대 사람들은 함께 농사 짓고 서로 도와주며 평등하게 살았던 것이지요. 하지만 사람이 살다보면 질서가 흐트러질 때가 생기는데, 그럴 때에는 **촌장**이 나서서 지혜를 나누어 주었어요. 촌장은 대체로 마을에서 가장 나이가 많은 사람이 맡았어요. 오랜 경험에서 비롯된 지혜가 풍부하기 때문이지요. 그럼 장미 마을 촌장님과 말씀을 나눠보겠습니다.

씨족
공동의 조상을 가진 혈연 공동체를 말합니다.

족외혼
같은 씨족·종족·계급 안에서의 혼인을 금하고 다른 집단에서 배우자를 구하는 것을 말해요.

촌장
한 마을의 우두머리

숭배
우러러 공경함

신앙
믿고 받드는 일

김촌상

반갑습니다. 장미 마을에서 나이가 제일 많아 촌장으로 뽑힌 김촌장입니다. 촌장이라고 특별한 권력을 가지고 있는 것이 아니랍니다. 그저 내가 아는 것을 다른 사람들에게 알려 주는 것이지요. 내가 촌장이라고 해서 누군가에게 우리 집 일을 시키거나, 마을 사람들에게 먹을 것을 바치게 하거나 그런 일은 없어요. 우리는 다같이 힘을 합쳐 살아가는 공동체이거든요.

오늘 장미 마을에서는 마을 사람들이 모두 모여 곰에게 농사가 잘되게 해 달라고 빌었답니다. 신석기 시대에는 이렇게 특정 동물을 **숭배**하기도 하였는데요. 신석기 시대에 나타난 **신앙**은 다음의 세 가지로 살펴볼 수 있어요.

▲ 애니미즘

▲ 샤머니즘

▲ 토테미즘

신성
함부로 가까이할 수 없을 만큼 고결하고 거룩함.

무당
길흉을 점치고 굿을 하는 것을 직업으로 하는 사람

주술
불행이나 재해를 막으려고 주문을 외거나 술법을 부리는 일

　먼저 애니미즘은 자연현상이나 자연물을 믿는 것을 말해요. 예를 들어 볼까요? 비가 오지 않아 가뭄이 계속되면 당연히 농사가 잘되지 않겠지요? 그러면 사람들은 하늘이 화가 나서 그런 것이라고 생각하고 하늘에 비를 내려 달라고 빌어요. 이런 식으로 산이나 강, 달, 별 같은 자연물을 **신성**하게 여기는 것이 애니미즘이지요. 정월 대보름에 뜬 둥근 달에 소원을 빌어 본 적이 있나요? 이것도 애니미즘이 우리 생활에 자연스럽게 녹아들어 생긴 풍습이에요.

　사람들은 그중에서도 특히 하늘을 신성하게 여겼고, 하늘과 인간을 연결해 주는 사람이 따로 있다고 생각했어요. 그런 사람을 **무당**이라고 했지요. 무당이 하늘의 뜻을 인간에게 전달할 수 있다고 생각한 거예요. 그래서 중요한 일이 생기면 무당에게 달려가 물어보았죠. '올해는 어떤 작물을 심어야 농사가 잘될까요?' 이런 식으로 말이에요. 하늘의 뜻을 미리 알아내 위기를 극복하고 위험으로부터 벗어나고자 한 거지요. 이렇게 하늘과 인간을 연결해 주는 존재로 무당과 그 **주술**을 믿는 것을 샤머니즘이라고 해요.

마지막으로 토테미즘을 살펴보겠습니다. 토테미즘은 자기 부족을 특정 동물이나 식물과 연관시켜 섬김으로써 자신들의 안녕과 마을의 평화를 기원하는 것이지요.

　그런데 여러분, 신석기 시대의 사람들이 신앙을 가지기 시작했다는 것은 무엇을 의미할까요? 그것은 이 시대에 이르러 사람들이 인간 이외에, 인간이 다가갈 수 없는 어떤 힘이나 존재가 있다고 생각하기 시작했다는 것을 의미해요. 그래서 그들에게 인간의 힘으로 할 수 없는 것들을 바라고 빌기 시작한 거예요. 그러면서 사람들은 죽은 후의 세계에 대해 생각하기 시작했어요. 사람이 죽은 후에도 영혼이 남아 다른 세상으로 간다고 믿기 시작한 것이죠. 이런 생각은 구석기 시대부터 나타났던 것 같아요. 구석기 시대에도 죽은 사람을 땅에 묻어 주거나 죽은 사람 곁에 꽃을 놓아두기도 하였거든요. 신석기 시대에 와서는 이러한 경향이 더욱 강해져 죽은 사람의 무덤에 팔찌와 같은 장신구를 함께 넣어 주기도 하였답니다.

　이처럼 신석기 시대는 점점 하나의 사회로서 모습을 갖춰 가고 있습니다. 이제 사람들은 단순히 먹고 사는 것뿐만 아니라 삶의 모든 부분에 관심을 갖기 시작한 것이지요.

김촌장 어른의 바쁜 하루

장미 마을의 촌장이었던 박촌장 어른이 얼마 전 돌아가셨어요. 그래서 그 다음으로 나이가 많은 김촌장 어른이 새로운 촌장이 되었답니다. 장미 마을은 나이가 가장 많은 사람이 촌장을 맡거든요. 왜 나이가 많은 사람이 마을의 우두머리 역할을 하게 되었을까요? 힘이 가장 센 사람이 하는 것이 낫지 않을까요?

그것은 촌장의 역할을 잘 모르고 하는 소리예요. 마을에서 촌장이 하는 역할은 많은 사람들에게 지혜를 나누어 주는 거예요. 그렇기 때문에 나이가 많은 사람이 촌장이 되지요. 나이가 많다는 것은 그만큼 경험이 많다는 것을 의미하니까요. 오래 살면서 많은 경험을 했기 때문에 그만큼 아는 것도 많은 거예요.

날이 밝자 동네 아이들이 김촌장을 찾아 왔어요. 아이들은 그물과 낚싯대를 들고 있었어요.

"촌장님, 여름에는 어디로 가야 물고기가 잘 잡힐까요? 요즘은 어떤 고기가 있나요?"

김촌장은 눈을 지그시 감으며 생각합니다.

"그래, 저 산 위에 있는 계곡으로 가보렴. 그 계곡물에서 고기가 많이 잡힐 거야. 이맘때 쯤이면 송어가 많이 날 테지. 많이 잡아 오렴!"

아이들은 신나서 달려갔어요. 오늘 아이들의 그물에는 물고기가 가득할 것 같아요.

Ⅲ. 신석기 시대

김촌장이 밭에서 일을 하고 있을 때였어요. 한 아낙네가 허겁지겁 달려왔어요.

"아이고, 촌장님! 우리 아이가 지금 열이 펄펄 나고 설사를 하네요. 혹시 이것 때문인가요?"

아낙이 내민 것은 버섯이에요. 김촌장은 그것을 받아들고 한참을 들여다 보았어요. 마침내 어렸을 적 이렇게 생긴 버섯을 먹고 배탈난 사람을 본 것이 생각났어요.

"이것은 배를 아프게 하는 버섯이라네. 이것을 먹고 아픈 사람을 본 적이 있지."

"그럼 어떡하면 좋을까요?"

김촌장은 곰곰이 생각해 보았어요.

"매실을 먹이게. 그러면 설사가 멈출 거야."

아낙은 고맙다며 고개를 몇 번이나 숙이고 돌아갔지요. 밭일을 마치고 집으로 돌아온 김촌장에게 이번에는 마을 청년이 와서 물었어요.

"촌장님, 제가 이번에 결혼을 해서 집을 지으려고 하는데, 강 건너편에 짓는 것은 어떨까요?"

"그쪽은 비가 오면 물이 고이는 땅이야. 집을 짓기에 적합하지 않지."

김촌장은 청년에게 집을 짓기 적당한 땅을 알려 주었어요.

"할아버지!"

김촌장의 귀여운 손자가 달려왔어요. 손자의 양손에는 과일이 들려 있었어요.

"할아버지, 산에서 따온 건데 먹어도 되는 거예요?"

"어디 보자. 이건 먹어도 되는 거고, 이건 먹으면 몸에 두드러기가 날 수도 있단다. 그러니 안 먹는 게 좋아."

손자는 김촌장이 먹어도 된다고 하는 과일을 맛있게 먹었어요.

"할아버지는 어떻게 모르는 것이 없나요? 뭐든지 다 아시는 거 같아요."

"다 세월이 가르쳐 주는 거란다. 모든 것이 할아버지의 할아버지, 또 그 할아버지로부터 전해 내려 오는 것들이야. 나도 다 배운 거지. 너도 오늘 알게 된 것들을 잊지 말고 잘 기억해 뒀다가 나중에 할아버지처럼 늙거든 사람들에게 알려주렴."

"할아버지처럼요? 머리가 하얗게요? 제가 그렇게 늙을까요?"

손자의 말에 김촌장은 웃었어요. 어느새 시간이 이렇게 흘러 마을에서 가장 나이가 많은 사람이 되었나 싶었지요. 머리가 하얗게 센 것은 서글펐지만 그동안 세월 속에서 쌓인 지혜로 다른 사람들에게 도움을 줄 수 있어 뿌듯한 마음도 들었답니다.

 고종훈의 한국사 브리핑

핵심 분석 ▶ 신석기 시대

QR 코드를 찍으면 고종훈 선생님의 강의를 볼 수 있어요.

- 시대 ▶ 기원전 8000년 경~기원전 2000년 경
- 핵심 용어 ▶ 간석기, 움집, 빗살무늬 토기, 농사
- 식사 메뉴 ▶ 물고기, 고기, 조개, 농사지은 작물들
- 자주 사용하는 도구 ▶ 돌괭이, 돌도끼, 낚싯바늘, 그물추, 뼈작살 등
- 가장 인기 있는 물건 ▶ 빗살무늬 토기
- 역사적 중요도 ▶ ★★★☆☆
- 시험 출제 빈도 ▶ 보통

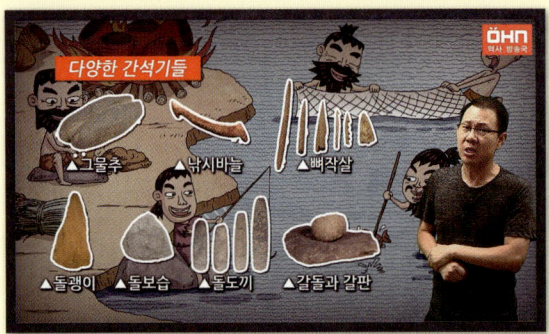

신석기 시대에는 간석기를 사용했어요.

신석기 시대부터 용도에 맞춰 돌을 갈아 사용하기 시작했어요. 간석기는 뗀석기에 비해 정교하고 날카로워 사용하기에 편리하였습니다. 또한 빗살무늬 토기를 이용하여 식량을 저장하거나 음식을 만들어 먹었어요.

신석기 시대에는 생활 모습이 다양해졌어요.

신석기 시대에는 농경 생활이 시작되어 조, 수수 등을 재배하였고, 짐승을 기르는 목축이 시작되었어요. 자연스레 정착 생활이 이루어져 사람들은 움집을 짓고 마을을 이루어 살았습니다. 또한 신석기 시대에는 가락바퀴와 뼈바늘로 옷을 만들어 입었습니다.

신석기 시대에 문화가 형성되었습니다.

신석기 시대 사람들은 같은 핏줄이 모여 씨족을 이루었고, 다른 씨족과의 혼인을 통해 부족 사회를 형성하였습니다. 또한 **자연물을 신성하게 여기는 신앙이 발달하기 시작했습니다.**

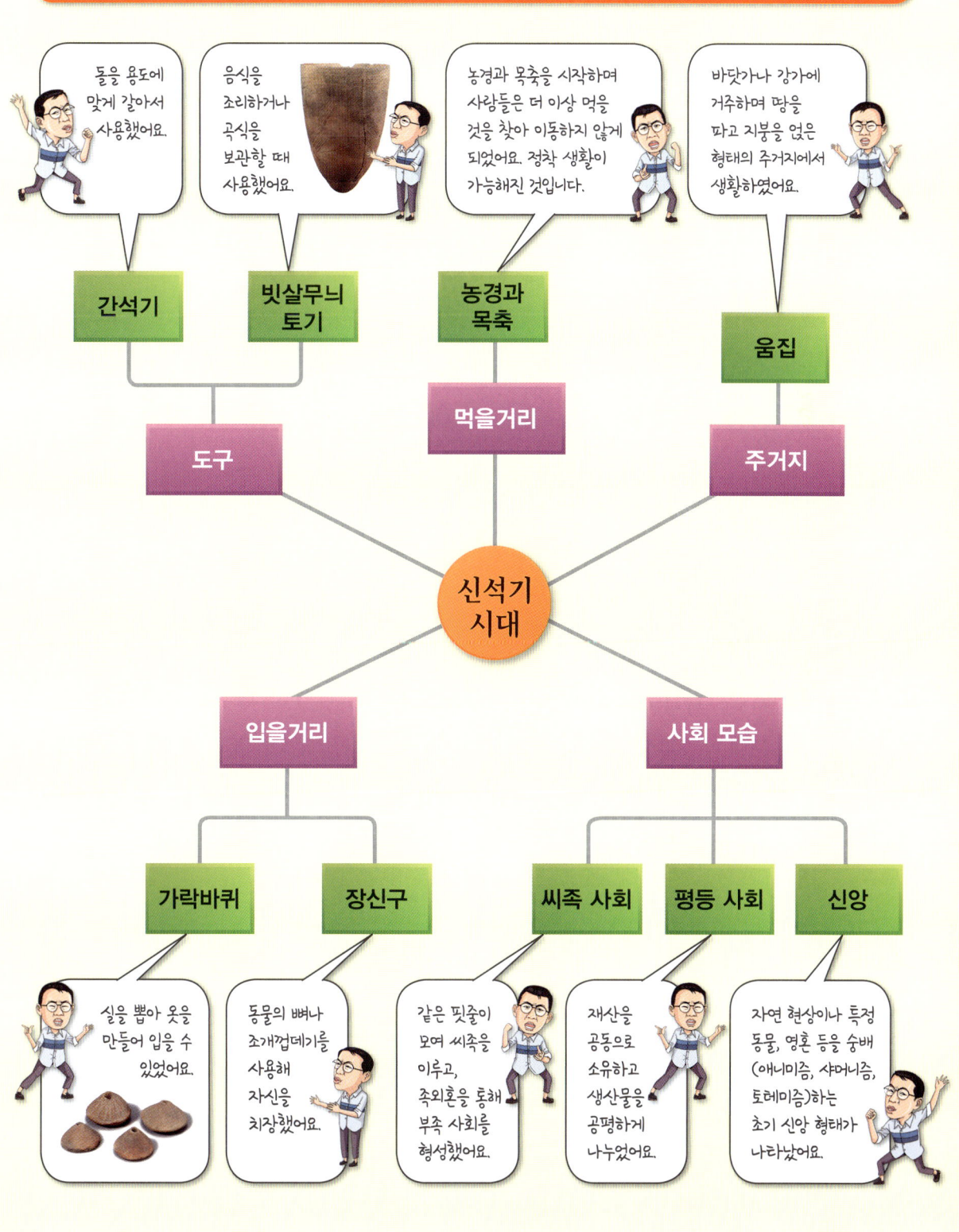

Ⅳ 청동기 시대

사유 재산과 신분이 생기다

시대 기원전 2000년경 ~ 기원전 4세기경

타임라인 뉴스

기원전 3500년경 · 큰 강 유역에서 청동기 문화를 바탕으로 이른바 세계 4대 문명이 등장하다

기원전 2333년 · 청동기 문화를 바탕으로 고조선이 세워지다

▲ 반구대 암각화

기원전 2000~1500년경 · 만주와 한반도 일대에서 청동기 문화가 시작되다
· 비파형 동검이 널리 사용되다

▲ 비파형 동검 ▲ 청동 거울 ▲ 팔주령

· 벼농사가 시작되다

◀ 농경문 청동기

· 간석기와 토기도 더욱 다양해져 반달 돌칼, 민무늬 토기 등이 만들어지다
· 막강한 권력과 경제력을 가진 군장이 등장하다
· 군장의 무덤으로 고인돌이 등장하다

◀ 탁자식 고인돌

1 청동기 시대 개관 | 심층 취재

생방송 한국사

청동기 시대 미르의 하루

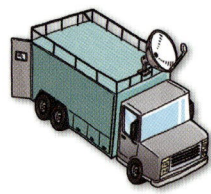

지금 김역사 기자가 청동기 시대의 한 마을에 나가 있습니다. 내일 있을 마을 제사를 앞두고 대장간에서는 제사에 사용될 청동기를 손보느라 한창입니다. 김역사 기자는 제사 준비로 바쁜 이 마을을 왜 찾은 것일까요? 김역사 기자를 불러 보겠습니다.

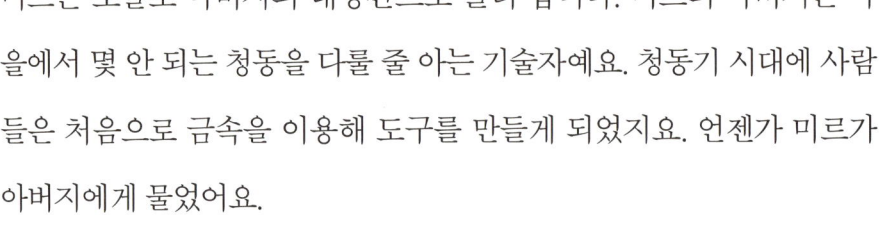

김역사 기자

미르는 오늘도 아버지의 대장간으로 놀러 갑니다. 미르의 아버지는 마을에서 몇 안 되는 청동을 다룰 줄 아는 기술자예요. 청동기 시대에 사람들은 처음으로 금속을 이용해 도구를 만들게 되었지요. 언젠가 미르가 아버지에게 물었어요.

"아버지, 언제부터 우리는 청동을 다루게 되었나요?"

"음, 그건 아버지도 정확하게 알 수는 없단다. 어느 날 사람들은 화산이 폭발할 때 흐르는 **용암**이 굳으면 아주 단단한 현무암이 된다는 것을 알게 되었어. 구멍이 숭숭 뚫린 검은 돌을 본 적이 있지? 그 돌이 현무암이야. 그 현무암의 구멍 속에서 우연히 구리를 발견하게 되었지. 그런데 구리는 쉽게 구부러지는 성질을 가지고 있어서 **실용성**이 높지 않았어. 그래서 사람들은 구리에 주석이나 아연을 섞어 보았는데 그렇게 하니 더 단단한 청동이 되었단다. 우연히 구리라는 금속을 발견하였고, 구리를 더 단단하게 만들려는 호기심으로 청동을 발견한 것이라 할 수 있지."

대장간에서 아버지는 땀을 뻘뻘 흘리며 불을 때고 계셨어요. 불의 온도를 높이고 금속을 녹여 청동물을 만든 후, **거푸집**에 부어 멋진 청동 장신구를 만들 거예요. 아버지 옆에는 벌써 만들어 놓은 청동 장신구들이 보였어요. 멋진 거울과 목걸이였어요. 미르는 침을 꼴깍 삼키며 호기심 가득한 눈으로 아버지가 만든 것들을 바라보았지요.

"아버지, 이게 다 우리 것이라면 얼마나 좋을까요?"

아버지는 빙그레 웃기만 했어요. 청동기는 누구나 가질 수 있는 것이 아니랍니다. 마을을 지배하는 군장님만이 가질 수 있었지요.

내일은 마을에서 농사가 잘되고 전쟁에서 승리하길 바라는 제사를 지낸다고 해요. 아버지가 만든 멋진 청동 장신구들은 내일 제사 때 군장님이 걸칠 거예요. 햇빛을 받은 청동 장신구는 눈부시게 반짝여요. 눈부신 청동 장신구를 걸친 군장님의 모습은 더욱 신성하게 느껴진답니다. 모두들 부러움과 존경의 눈으로 군장님을 바라볼 거예요.

아버지의 대장간을 나온 미르는 마을 중심부로 발걸음을 옮겼어요.

"거기! 더 높게 돌을 쌓으라고!"

제사를 지내는 제단에는 어른들이 내일을 위한 준비로 한창 바쁘게 움직이고 있었어요. 저쪽으로는 마을 울타리를 재정비하는 모습도 보이네요. 얼마 전에 다른 부족이 쳐들어오는 바람에 울타리 한쪽이 부서졌거든요. 그날 미르는 얼마나 무서웠는지 몰라요. 미르네 마을은 농사지

용암
화산의 분화구에서 분출된 마그마. 또는 그것이 식거나 굳어져 만들어진 암석

실용성
실제적인 쓸모가 있는 성질이나 특성

거푸집
만들려는 물건의 모양대로 속이 비어 있어 거기에 쇳물이를 녹여 붓도록 되어 있는 틀

은 곡식을 다른 부족에게 많이 빼앗기고 말았답니다.

　미르는 친구들이 놀고 있는 곳으로 갔어요. 친구들은 전쟁놀이 중이었어요.

　"미르야, 빨리 와! 넌 우리 편이야!"

　아이들은 어른들을 흉내 내어 칼싸움을 했지요. 막대기를 들기도 하고 돌을 어른들의 칼처럼 만들어 쥐고 놀았어요. 미르가 살고 있는 청동기 시대는 전쟁이 잦았어요. 그래서 아이들도 어른들이 전쟁을 위해 연습하는 것을 보고 많이 따라했어요. 미르와 친구들도 어른이 되면 진짜 전쟁을 해야 할 거예요.

　한창 신나게 놀고 나서 미르와 친구들은 각자 집으로 돌아갔어요.

　미르네 집은 움집이에요. 하지만 신석기

92　Ⅳ. 청동기 시대

시대의 움집처럼 땅을 깊게 파서 짓지는 않았어요. 집 짓는 기술이 좋아진 거지요. 집의 뒤쪽으로는 산이 있고 앞에는 냇물이 흘러요. 신석기 시대에 사람들은 강가나 바닷가에서 주로 살았지만 청동기 시대에 이르러 농사를 본격적으로 짓기 시작하면서 땅이 비옥한 곳에 집을 짓고 모여 살기 시작했답니다.

마침 저녁 준비를 마친 엄마는 미르에게 민무늬 토기에 쌀밥을 가득 퍼 주었어요. 청동기 시대에는 벼농사를 시작했기 때문에 쌀밥을 먹을 수 있었지요. 친구들과 노느라 배가 고팠던 미르에게는 정말 꿀맛이었어요.

밥을 먹은 후 미르는 아버지에게 식사를 가져다 드리러 다시 대장간으로 갔어요. 아까보다 훨씬 더 많은 청동 장신구들이 만들어져 있었지요. 미르는 이 청동 장신구를 걸치고 있는 자신의 모습을 상상해 보았어요. 언젠간 군장님처럼 강해져서 마을을 잘 이끌고 싶다는 생각에 미르는 가슴이 두근거렸답니다.

청동기 시대에 벼농사를 지었다는 건 어떻게 알 수 있나요?

청동기 시대에 발견된 탄화 곡식으로 알 수 있어요. 우리나라에서 발견된 탄화미는 청동기 시대의 것으로 추정되어 이 시대부터 벼농사가 시작되었다는 것을 알려 주지요.

반구대 암각화가 간직한 이야기

암각화란 바위그림을 말해요. 울산 울주군 대곡리에 있는 반구대 암각화는 선사 시대의 사람들이 생활 주변에서 일어난 갖가지 일들을 주제로 삼아 그것을 바위에 새긴 그림이에요. 아마도 사람들은 그곳에 모여서 제사를 지내거나 여러 가지 행사를 했을 거예요.

울산 대곡리 반구대 암각화가 언제 만들어진 것이냐에 대해서는 신석기 시대다, 청동기 시대일 것이다는 등 의견이 분분해요. 암각화는 크게 두 가지 기법으로 표현되었는데, 하나는 표현 대상의 내부를 모두 쪼아낸 면쪼기 기법이고, 다른 하나는 윤곽만을 쪼아낸 선쪼기 기법이에요. 이처럼 표현 방법에서 차이가 나타나는 것으로 보아 바위에 새겨진 그림이 모두 같은 시기에 제작된 것이 아니라 오랜 기간에 걸쳐 만들어진 것이라 추측하고 있어요.

매끈한 바위면에 고래·개·늑대·호랑이·사슴·멧돼지·곰·토끼·여우·거북·물고기·사람 등의 모습과 고래잡이 모습, 배와 어부의 모습, 사냥하는 모습 등이 표현되어 있어요. 혹시

ⓒ wikipedia, Ulsan petroglyph museum

❶ 그물로 고래잡는 모습   ❷ 귀신고래   ❸ 북방긴수염고래   ❹ 배를 타고 고기잡이 가는 사람들

94 Ⅳ. 청동기 시대

▲ 울산광역시 울주군 대곡리를 흐르는 태화강변의 바위 절벽에 암각화가 그려져 있어요.

눈치채셨나요? 이곳에 표현된 동물들은 주로 사냥의 대상이 되는 동물이랍니다. 또한 동물들 중에는 새끼를 가진 듯 묘사된 모습도 눈에 띄어요. 이것을 통해 당시 사람들이 동물들이 많이 늘어나 사냥거리가 많아지기를 기원했다는 것을 짐작할 수 있답니다. 고기잡이배와 그물에 걸려든 고기의 모습이 많이 보이는 것도 비슷한 의미일 거예요. 당시 사람들의 바람이 표현된 것이지요.

반구대 암각화에서 가장 특이한 점은 고래를 잡는 모습이 매우 사실적으로 표현되어 있다는 점이에요. 배에서 작살을 던져 고래를 잡는 모습이 그려져 있는데요. 이것은 우리나라에서 고래잡이가 신석기 시대나 청동기 시대부터 시작되었다는 것을 말해주는 것이기도 해요. 반구대 암각화에는 매우 다양한 고래의 모습이 그려져 있어요. 가슴지느러미가 긴 혹등고래, 새끼를 업고 다니는 귀신고래, 두 갈래로 물을 뿜어내는 북방긴수염고래 등 어떤 고래인지 알 수 있을 정도로 잘 묘사되어 있답니다.

실제로 반구대 암각화는 울산 앞바다와 매우 가까운 곳에 위치하고 있어요. 울산은 예로부터 고래잡이로 유명한 곳이지요. 고래는 그 크기가 매우 커서 한 마리만 잡아도 많은 사람들이 오랫동안 먹을 수 있었을 거예요. 그래서 선사 시대 사람들은 고래 사냥을 시도했고, 또 고래 사냥에 성공하기를 원했을 거예요. 하지만 큰 고래를 잡는 것은 만만치 않은 일인데다 매우 위험한 일이었지요. 암각화에 고래의 그림이 유난히 많은 것은 그만큼 고래 사냥에 성공하기를 간절히 바랐기 때문이 아닐까요?

2 도구 | 심층 취재

생방송 한국사

청동기 시대의 도구

청동기 시대에 들어서면서 이전보다 새로운 도구들이 등장해 눈길을 끌고 있습니다. 이러한 도구들을 한자리에 모아 놓은 박람회가 열려 많은 사람들의 발길이 끊이지 않고 있는데요. 김역사 기자가 청동기 시대의 도구 박람회 현장을 방문했습니다.

청동기 시대에는 다양한 재료로 만든 도구들이 사용되었습니다.

김역사 기자

가장 눈에 띄는 것은 역시 청동으로 만든 도구입니다. 하지만 청동으로 된 도구는 누구나 가질 수 있는 것이 아니었어요. 청동을 만드는 데 쓰이는 재료를 구하는 것이 어려운 일일뿐더러 청동 도구를 만드는 것 자체가 매우 힘든 작업이었거든요.

또, 청동기 시대는 신석기 시대와 달리 사람들이 모두 평등하게 지내지 않았어요. 사람들 사이에 **계급**이 생긴 거예요. 사람들을 지배하는 사람들만이 이 청동으로 만든 도구를 가질 수 있었지요.

대표적인 것이 청동으로 만든 무기들입니다. 청동 무기는 돌로 만든 도구보다 훨씬 날카로워 상대에게 더 강한 충격을 줄 수 있었어요. 비파형 동검과 세형 동검이 대표적이죠. 또, 청동으로 만든 장신구들도 있는데요. 이 장신구들을 걸치고 있는 박리더 씨를 만나 보겠습니다.

박리더

제가 목에 걸고 있는 이것은 청동 거울이에요. 청동 거울은 뒷면에 얼굴을 비춰 보도록 되어 있지요. 이것을 목에 걸고 있으면 햇빛이 반사되어 더욱 빛이 나지요. 그러면 사람들은 그 모습을 더욱 신성하게 여겨 저를 우러러 본답니다.

이외에도 8개의 가지 끝에 청동으로 만든 방울이 달려 있는 팔주령, 양 끝에 방울이 달려 있는 가지 방울도 있어요. 사람들은 이 방울 소리가 하늘에서 오는 소리라고 생각했어요. 이것을 흔들고 하늘의 뜻을 전할 수 있는 사람은 오직 저뿐이지요. 청동 도구들 덕분에 저와 같은 지배자의 위상은 더욱 높아졌답니다.

계급

일정한 사회에서 신분, 재산, 직업 따위가 비슷한 사람들로 형성되는 집단

▲ 비파형 동검(왼쪽)과 세형 동검(오른쪽)

▲ 청동 거울

▲ 팔주령

▲ 가지 방울

네, 청동기는 지배자들의 권위를 나타내었군요. 다음은 농사 도구들을 보고 있는 사람들에게로 가 볼까요? 청동은 누구나 가질 수 있는 것이 아닌데다가 재질이 물러서 딱딱한 땅을 파기에 적합하지 않았어요. 그래서 청동기 시대에도 사람들은 여전히 돌로 농사 도구를 만들어 썼습니다.

특히 청동기 시대에 이르러 사람들은 나무 자루에 돌을 끼워 사용하

▲ 돌도끼　　▶ 돌낫　　▲ 반달 돌칼

기 시작했답니다. 돌낫은 여러분이 알고 있는 낫의 모양과 비슷하지요? 게다가 도끼, 낫 등 용도를 나누어 더욱 세밀하게 만들었어요.

반달 돌칼은 이삭을 따는 데 이용된 도구였어요. 반달 돌칼의 등에 뚫려 있는 구멍에 끈을 꿰어 손목에 걸고 사용했어요. 반달 돌칼은 청동기 시대에 벼농사가 널리 퍼지면서 본격적으로 사용한 도구예요.

토기에 있어서도 변화가 있는데요. 토기를 감상하고 있는 유주부 씨의 이야기를 들어 볼까요?

▲ 민무늬 토기 | 청동기 시대의 토기는 가마에서 높은 열로 구웠기 때문에 갈라질 염려가 없고 표면이 매끄러웠어요.

유주부

청동기 시대의 민무늬 토기는 빗살무늬 토기와는 달리 밑바닥이 평평해요. 이름처럼 겉에는 아무런 무늬가 없답니다. 빗살무늬 토기보다 훨씬 단단해요. 저도 하나 장만하고 싶네요.

이처럼 청동기 시대의 도구는 이전 시대보다 훨씬 다양해졌습니다. 그만큼 사람들의 생활이 더욱 복잡해지고 발전하고 있다는 뜻이겠지요. 앞으로 또 어떤 도구들이 등장하게 될지 궁금합니다.

 스페셜뉴스 그때 그 물건

청동기 대장간으로 떠나는 체험 여행

김역사 기자

저는 오늘 청동기를 만드는 대장간에 초대받았어요. 이곳에서 청동기를 만들어 보는 시간을 가질 텐데요. 먼저 우리를 도와주실 분을 모시겠습니다. 대장간의 주인 김기술 씨입니다.

김기술

청동기를 만들기 위해서는 먼저 거푸집이 필요합니다. 거푸집은 만들려고 하는 모양대로 본뜬 틀이지요. 우리는 보통 진흙으로 거푸집을 만들어요. 거푸집이 마련되었다면 본격적으로 청동기를 만들어 보겠습니다.

① 먼저 구리와 주석을 도가니에 넣고 센 불로 녹여 액체로 만들어요.

② 녹은 구리와 주석을 준비한 거푸집에 붓습니다.

③ 식으면 청동기를 꺼내어 잘 다듬어요.

④ 짠! 청동기가 완성되었어요.

청동기를 만드는 과정은 매우 까다로워 청동기만 전문적으로 만드는 기술자가 따로 있었어요. 이렇게 만들어진 청동기는 멋진 금빛이에요. 여러분이 박물관에서 본 청동기는 금빛이 아니었다고요? 원래 청동기는 금빛을 띠는데 시간이 흐르면서 녹이 슬어 푸른빛이 돌게 된 거예요. 원래는 이렇게 멋진 금빛이랍니다.

3 먹을거리 | 심층 취재

생방송 한국사

청동기 시대, 벼농사가 시작되다

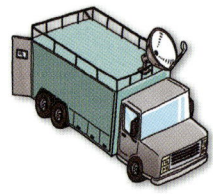

오늘은 하늘이 높고 푸른 상쾌한 가을 날씨입니다. 그런데 이른 아침부터 떠들썩한 마을이 있다고 합니다. 오늘 그동안 기른 벼를 수확하기 때문이라고 하는데요. 청동기 시대 한 마을의 추수 현장으로 함께 가보겠습니다. 김역사 기자, 나와 주세요.

청동기 시대에 이르러 농사가 활발하게 이루어지기 시작했습니다.

김역사 기자

청동기 시대 사람들 역시 이전 시대와 마찬가지로 사냥을 해서 고기를 먹고, 강이나 바다에 가서 물고기를 잡았으며, 나무에서 열매를 따 먹었어요. 하지만 달라진 것이 있다면 이전에는 이러한 사냥, 물고기잡이, 채집 등이 식생활을 유지하는 데 큰 부분을 차지했지만 청동기 시대에는 그렇지 않았다는 것이에요.

청동기 시대에는 농사가 본격적으로 이루어져 먹고 남은 식량을 저장할 정도까지 되었거든요. 물론 여러분도 아시다시피 농사는 신석기 시대 때부터 시작되었지만 청동기 시대에는 농사를 짓는 기술이 더욱더 발전해서 생산량이 많이 늘었답니다.

게다가 청동기 시대에는 '벼농사'가 시작되었어요. 이것은 오늘날 우리의 **주식**인 쌀을 이때부터 먹기 시작했다는 의미예요.

우리가 먹는 쌀밥을 청동기 시대부터 먹기 시작했다니 어쩐지 신기하고 재미있지요? 그런데 정말로 청동기 시대에 농사가 활발하게 이루어졌는지 의심스럽다고요? 그렇다면 증거가 되는 유물이 있어요. 바로 농경문 청동기랍니다.

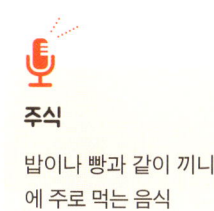

주식

밥이나 빵과 같이 끼니에 주로 먹는 음식

농경문 청동기란 농사짓는 모습이 그려진 청동기라는 뜻이에요. 농경문 청동기를 꼼꼼히 살펴볼까요? 농경문 청동기는 폭이 12.8cm로 언뜻 보기에도 크기가 크지 않답니다. 또 안타깝게도 아랫부분은 남아 있지 않아요. 하지만 이 작은 청동기는 많은 이야기를 품고 있답니다. 청동기의 몸체 가장 윗부분에는 네모난 구멍 여섯 개가 있어요. 구멍이 조금씩 닳아 있는 것으로 보아 여기에 끈을 매어 사용했을 것이라 추측할 수 있지요. 어쩌면 농사의 풍년을 비는 제사를 지낼 때 몸에 걸치고 사용한 것이 아닐까요?

농경문 청동기는 고리가 달린 면을 앞면, 고리가 달리지 않은 면을 뒷

◀ 농경문 청동기 앞면

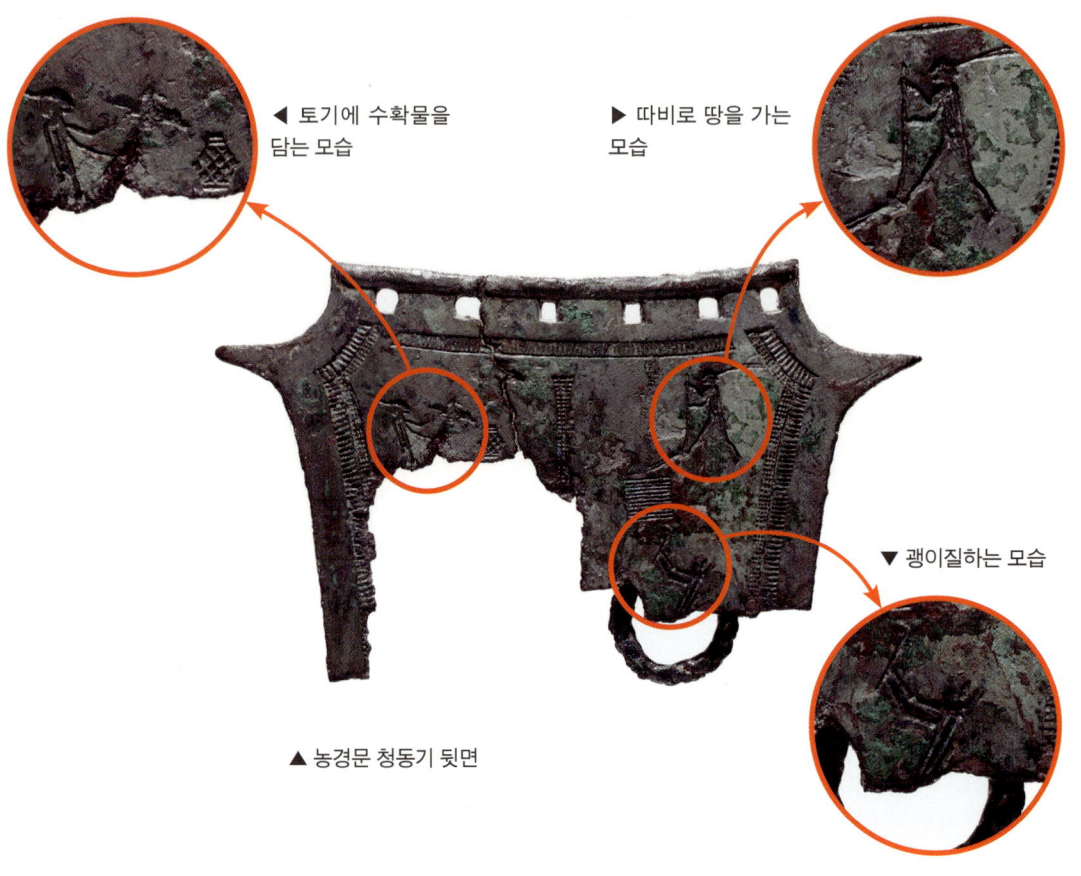

◀ 토기에 수확물을 담는 모습
▶ 따비로 땅을 가는 모습
▼ 괭이질하는 모습
▲ 농경문 청동기 뒷면

면이라고 불러요. 청동기의 빈 공간에는 다양한 그림이 새겨져 있어요. 농경문 청동기의 뒷면을 같이 볼까요? 오른쪽에는 머리 위에 긴 깃털 같은 것을 꽂고 벌거벗은 채 밭을 일구는 남자가 있네요. 이 남자가 들고 있는 것은 따비라는 농사 도구예요. 따비는 끝이 두 쪽으로 갈라져 있는데, 땅을 파는 데 쓰였지요.

그런데 이 사람은 왜 발가벗고 있을까요? 옛날에는 봄에 밭을 갈고 씨를 뿌릴 때 옷을 벗고 풍년을 기원하는 풍습이 있었어요. 이 사람도 아마 한 해 농사가 잘되길 바라는 마음에서 옷을 벗었을 거예요.

아래쪽에는 괭이를 치켜든 사람이 보여요. 또 왼쪽 윗부분에는 토기에 무언가를 담고 있는 인물이 묘사되어 있고요. 이 세 사람을 통해 농사의 과정을 담은 거예요. 봄에 밭을 갈고 흙덩이를 부수고, 가을에 수확한 곡물을 토기에 담는 거지요.

청동기의 앞면에는 오른쪽과 왼쪽 모두 나무 끝에 새가 한 마리씩 앉아 있는 모습이 새겨져 있어요. 예로부터 새는 곡식을 물어다 주어 마을의 안녕과 풍요를 가져오고, 하늘의 신과 땅의 주술사를 연결시켜 주는 **매개자**로 여겼어요. 그래서 사람들은 장대 끝에 나무로 만든 새를 붙여 놓았지요. 이것을 솟대라고 해요.

▲ 농경문 청동기 앞면의 새의 모습

그래서인지 선사 시대의 유적에는 새 모양을 본 뜬 토기나 새가 새겨진 청동기 등이 많이 발견되곤 해요. 이것은 마을의 안녕과 평화, 풍년을 기원하는 마음이 반영된 것이라 생각할 수 있어요. 또 하나 재미있는 것이 있어요. 농경문 청동기에 그려진 밭의 모양인데요. 청동기 시대의 밭이 발견된 대표적인 예가 진주 대평리 유적인데, 이 밭의 모양을 보면 고랑과 이랑으로 이루어져 농경문 청동기에 그려진 밭의 모양과 유사한 모습을 보인답니다.

▲ 이랑과 고랑이 선명한 밭

매개자
둘 사이에서 관계를 맺어 주는 사람이나 물건. 또는 그런 일을 직업으로 하는 사람

청동기를 만드는 것이 쉬운 일이 아니었을 시절에 이렇게 밭의 모양까지 섬세하게 표현한 것은 그만큼 풍년을 기원하는 마음을 담았다는 뜻이겠죠. 당시에 농사가 사람들의 생활에 많은 영향을 미쳤다는 것을 짐작할 수 있겠네요.

청동기 시대에 농사가 활발해지면서 생긴 변화가 또 있어요. 바로 '계급의 발생'이에요. 신석기 시대는 서로 도와 농사를 짓고 수확한 것을 나누어 가지는 평등한 사회였어요. 신석기 시대만 해도 먹을 것이 넉넉하지 않았고, 농사를 지어도 거두어들이는 양이 그리 많지 않았거든요.

하지만 청동기 시대에는 농사 기술이 발전하면서 농사를 지어 얻는 생산량이 늘어났어요. 먹고도 남을 만큼의 식량이 생산된 거예요. 그러면서 사람들의 생활에서도 차이가 나타났어요. 어떤 사람은 곡식을 많이 생산하여 부자가 되었고, 어떤 사람들은 일손이 부족하거나 자연재해로 농사를 망쳐서 먹고 사는 것이 넉넉해지지 않게 된 것이에요. 즉, 사람들 사이에 **빈부 격차**가 발생한 거지요.

빈부 격차
부자와 가난한 사람들 사이에 생기는 차이를 말해요.

가난한 사람들은 어쩔 수 없이 곡식을 꾸는 일도 생기고, 부자의 집에서 대신 일을 해 주고 곡식을 얻기도 하였어요. 그러다보니 부자인 사람들은 더욱더 부자가 되었지요. 이런 식의 차이가 점점 심해지자 힘이 있고 재산이 많은 사람들이 생기고, 이들이 힘 없고 재산이 적은 사람을 지배하게 된 거예요.

이런 일들이 반복되면서 결국 사람들을 지배하는 사람이 생겼어요. 이들은 군장(족장)이 되어 마을을 다스리고 제사를 주관하였답니다.

청동기 시대의 히트 상품, 반달 돌칼

김역사 기자

안녕하세요. 오늘 소개할 상품은 '반달 돌칼'입니다. 이름에서 알 수 있는 것처럼 반달 모양의 돌로 만든 칼인데요. 청동기 시대를 대표하는 유물입니다. 반달 돌칼을 통해 청동기 시대의 생활을 살펴 보세요.

반달 돌칼은 한쪽은 곧고, 다른 한쪽은 반달 모양이라고 하여 반달 돌칼이라고 해요. 반달 모양이 일반적이지만 긴 네모 모양이나 삼각형 모양인 것도 있습니다.

이것이 무엇에 쓰는 물건인지 알고 있나요? 반달 돌칼은 곡식을 수확할 때 쓰는 도구예요. 반달 돌칼의 구멍에 끈을 꿰어서 이삭을 자르는 데 이용하였답니다. 자, 반달 돌칼을 한번 쥐어 볼까요? 손에 딱 맞게 잘 잡힌답니다. 그럼 이 반달 돌칼을 어떻게 사용하는지 보여 드리겠습니다.

1. 먼저 가운데 뚫린 두 개의 구멍에 줄을 끼웁니다.

2. 줄을 손에 걸고 반달 돌칼을 쥐어 보세요.

3. 이제 벼 이삭을 자르세요. 이때 손목을 꺾는 것이 매우 중요합니다!

어때요? 참 쉽지요? 곡식의 이삭을 자르는 용도에 적합하게 잘 나온 제품이랍니다. 반달 돌칼은 벼농사가 널리 퍼지면서 많이 사용되었는데요. 이 반달 돌칼이 한반도 전역에 걸쳐 발견되어 청동기 시대에 한반도 곳곳에서 벼농사를 지었다는 것을 알 수 있어요.

4 주거지 | 헤드라인 뉴스

청동기 시대 사람들은 어디서 살았을까?

아침부터 온 마을이 분주합니다. 오늘은 마을 대정비를 하는 날이라고 하는데요. 특히 이번에는 얼마 전에 있었던 이웃 부족의 침입으로 망가진 울타리를 수리하는 데 온 마을 사람들이 참여하고 있습니다. 그 현장에 김역사 기자가 나가 있습니다.

청동기 시대의 마을 규모는 몰라보게 커졌습니다.

김역사 기자

오늘은 청동기 시대 마을의 이모저모를 살펴보는 시간을 가져 보겠습니다. 청동기 시대 사람들은 주로 뒤에 산이 있고 앞에 강물이 흐르는 곳에 모여 살았어요. 이전에 살던 강이나 바다 근처보다 흙이 더 보드랍고 기름져서 농사가 잘되었거든요. 그만큼 농사가 중요해진 거죠.

지금 저쪽에서는 부서진 울타리를 **보수**하느라 몹시 분주합니다. 울타리를 고치고 있는 마을 청년과 잠시 대화를 나눠 보겠습니다.

김청년

우리 마을을 빙 둘러싸고 있는 이 울타리는 매우 중요해요. 외부의 침입으로부터 우리 마을을 지켜주니까요. 이 울타리를 목책이라고 합니다. 그런데 얼마 전에 이웃 부족이 침입해 우리가 키우던 가축들과 농사지은 식량까지 몽땅 빼앗아 가버렸어요.

지금은 그때 부서졌던 울타리를 고치고 있는 거예요. 이번에는 해자도 더 깊게 파기로 했어요.

보수
건물이나 시설 따위의 낡거나 부서진 것을 손보아 고침

해자는 무엇이죠?

해자란 마을 둘레에 도랑을 파고 물을 채워 넣은 것을 말해요. 마을을 지키기 위해 만드는 것이랍니다. 해자와 목책이 있으면 밖에서 마을에 접근하는 게 더욱 어렵거든요. 울타리의 주변에는 망루도 있어요. 높은 곳에 올라가 누가 오는지 지켜보는 거예요. 순번을 정해 밤마다 보초를 선답니다. 지난 번에는 제 친구가 깜박 조는 바람에 이웃 부족이 오는 것을 못 보았다지 뭡니까. 매우 안타까워요.

이번에는 청동기 시대의 집에 대해 살펴보겠습니다. 저쪽에 집이 여러 채 모여 있는데요. 집 모양이 이전과는 조금 달라진 것 같습니다.

먼저 집터의 모양이 바뀌었습니다. 신석기 시대에는 집터를 둥글게 만든 집이 많았다면 청동기 시대에는 주로 직사각형 모양으로 집터를 잡았습니다. 그리고 벽이 보이네요. 벽이 생겼다는 것은 이전보다 땅을 깊게 파지 않았다는 것입니다. 이전에는 기둥을 높게 세울 만큼의 기술이 없었거든요. 하지만 청동기 시대에 이르면 땅을 깊게 파지 않고도 집을 지을 수 있게 되어 바닥이 신석기 시대보다 지상으로 올라왔습니다. 지붕은 나뭇가지와 잎줄기가 긴 억새나 갈대 같은 것을 엮어서 덮었어요. 벼농사가 널리 퍼진 후에는 볏짚으로 지붕을 잇기도 했답니다.

그리고 출입을 위해 남쪽에 흙을 다져서 2~3단의 계단을 만들었어요.

　청동기 시대에도 집 안에 화덕이 있었어요. 집의 한복판에 있는 형태도 있지만 대체로 출입구의 반대편에 치우쳐서 설치했답니다. 화덕은 음식을 만드는 데 사용하기도 하고, 난방용으로도 이용되었어요.

　집의 크기도 커졌는데요. 7~8명이 거주할 정도로 집을 넓게 지었어요. 농사를 짓기 위해서는 일손이 많이 필요하지요. 그렇기 때문에 사람들이 이전보다 자녀를 많이 낳게 되면서 가족의 규모가 커진 거예요.

　지금까지 청동기 시대 마을의 이모저모를 살펴보았습니다. 마을의 위치부터 가족 구성원의 확대에 이르기까지 공통적으로 영향을 미친 한 가지가 있었는데요. 바로 농사였지요. 청동기 시대에 농사가 사람들의 생활에 큰 영향을 주었음을 알 수 있는 시간이었습니다.

지난 달에도 전쟁, 어제도 전쟁.
청동기 시대의 전쟁 이야기

청동기 시대에는 농사짓는 기술이 발달하면서 농산물의 생산량이 늘어났어요. 이제 사람들은 먹고 남을 정도로 곡식을 생산하게 되었지요. 이렇게 남은 생산물을 잉여 생산물이라고 해요. 생산물의 양이 늘어나면서 많이 가진 사람과 가지지 못한 사람이 나타났어요. 부자와 가난한 사람이 생겨난 거예요. 이는 계층의 형성으로 이어지게 되었어요. 부유한 자는 노비를 사서 더 크게 농사를 짓고, 더 많이 생산하고, 더 큰 부자가 되었지요. 그러자 늘어난 재산을 바탕으로 권력을 얻어 다른 사람을 지배하는 사람이 생겨났어요. 그렇게 마을마다 우두머리가 탄생하게 되었지요.

'사람의 욕심은 끝이 없다.'는 말이 있지요? 많은 재산과 무기를 갖게 된 사람들은 더 많은 재산과 무기가 탐이 났어요. 그리고 다른 사람들을 자신들의 아래에 두고자 했어요. 그 결과 다른 부족을 침략하는 일이 발생한 거예요. 바로 전쟁이죠. 전쟁에서 이기면 노예와 식량을 얻을 수 있어 훨씬 부유해지니까요. 모든 사람들이 평등하게 살았던 신석기 시대와는 다르죠?

부족 간의 정복 전쟁이 자주 일어나자 사람들은 이웃 부족이 침략하지 못하도록 마을을 둘러싸는 울타리를 세우고 멀리까지 잘 보이도록 망루를 높게 만들었어요. 이 망루에서 다른 부족의 침입을 감시하였던 것이에요.

전쟁에서 이기려면 튼튼한 무기가 있어야겠죠? 청동기 시대의 무기는 어떠했을까요? 청동기 시대라곤 하지만 청동으로 된 무기를 쓰는 것은 흔한 일이 아니었어요. 청동은 귀해서 지배자만이 가질 수 있었거든요. 거기에 청동은 단단하지 못해 무기로는 알맞지 않았어요. 그래서 대부분의 사람들은 석기를 무기로 많이 활용했답니다.

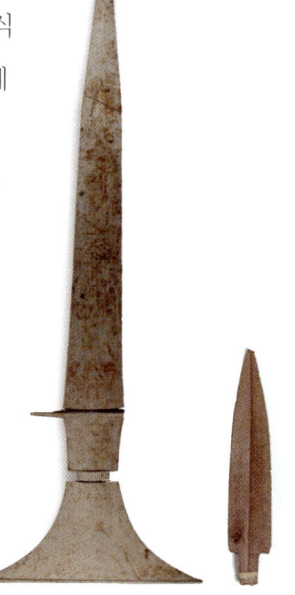

▲ 돌로 된 무기 | 청동기 시대에도 돌로 된 무기를 많이 이용했어요.

5 군장 | 인물 초대석

생방송 한국사

청동기 시대, 계급이 발생하다

청동기 시대에 만들어진 것으로 추정되는 큰 돌이 발견되어 사람들의 궁금함을 자아내고 있습니다. 이 돌을 '고인돌'이라고 한다는데요. 오늘 이것에 대한 이야기를 듣기 위해 김역사 기자가 청동기 마을의 최군장 님을 만났습니다.

최군장

안녕하십니까? 저는 청동기 시대의 한 마을을 다스리고 있는 최군장이라고 합니다. 마을의 질서를 바로 잡고 사람들을 이끄는 것이 저의 역할이지요. 그뿐만 아니라 저는 종교 지도자로서 마을을 위한 제사를 지내기도 합니다. 이렇게 정치를 하는 사람이 종교적인 제사도 주도하여 지내는 사회를 제정일치 사회라고 합니다.

제사를 지내는 이유는 무엇인가요?

한 해의 농사가 잘되고 마을이 다른 부족으로부터 해를 입지 않으며 더욱더 번영하기를 바라는 것이죠. 사람들은 제가 하늘의 뜻을 전해 주는 사람이기 때문에 자신들을 이끄는 일이 당연하다고 생각해요. 제사가 있는 날이면 저는 청동 장신구들을 차고 제단에 섭니다.

110 Ⅳ. 청동기 시대

그 모습이 굉장히 멋있겠는데요.

 하하, 제 입으로 말하기 부끄럽습니다만 다들 멋있다고 합니다. 청동 장신구에 햇살이 반사되어 반짝이며 저를 비추는 모습도, 청동 장신구에서 나는 방울 소리도 모두 신령한 하늘의 계시처럼 보일 테지요.

제사뿐만 아니라 마을의 전쟁도 군장님이 이끄시나요?

 그렇습니다. 저 역시 평화를 사랑하지만 때로는 전쟁이 필요해요. 전쟁을 위한 훈련을 시키고, 다른 부족의 침략에 대비하여 마을을 방어하는 것 모두 다 제가 책임지고 있어요.

그렇다면 군장님의 권력이 상당했을 것 같은데요?

 맞습니다. 바로 이 고인돌이 저의 힘을 나타내죠. 고인돌은 청동기 시대 군장의 무덤인데요. 고인돌에 큰 덮개돌이 덮여 있을수록 무덤 주인의 권력이 크다는 것을 알 수 있어요. 고인돌의 덮개돌은 무게가 제각각인데 큰 것은 무게가 약 297톤이나 되거든요. 이렇게 무거운 돌을 운반해 고인돌을 만들려면 그만큼 많은 사람들이 필요하겠지요? 거느린 사람들이 많아야 가능하단 겁니다.

거느린 사람이 많을수록 더 큰 고인돌을 세울 수 있었을 테니 과연 고인돌은 그 아래 묻힌 자의 권력의 크기를 보여 준다고 할 수 있겠네요. 오늘 말씀 감사합니다.

스페셜뉴스 취재 수첩

고인돌의 비밀을 찾아서

ⓒwikipedia, jtm71

고인돌의 뜻을 아시나요? 돌 아래 돌을 고여 놓았다고 해서 '고인돌'이라고 한답니다. 우리나라에서는 크고 작은 고인돌이 많이 발견되었어요. 남북한 합쳐서 약 4만 기 정도라고 하니 그 수가 어마어마하죠?

고인돌은 청동기 시대의 지배자의 무덤으로 알려져 있어요. 그러나 모든 고인돌이 그런 것은 아니랍니다. 고인돌이 몇십 기씩 몰려 있는 곳도 있거든요. 이런 경우에는 지배자와 그 가족의 무덤이거나 공동묘지일 것이라 추측하기도 해요.

어떤 고인돌에서는 부러진 검이나 화살촉 등이 발견되기도 하였어요. 옛날에는 사람이 죽으면 그 사람이 평소 쓰던 물건들을 무덤에 넣어 주기도 했는데, 이런 것을 껴묻거리라고 하지요. 그런데 지배자의 무덤이라면 부러진 검보다는 좀 더 좋은 보석이나 화려한 물건을 넣지 않았을까요? 어쩌면 이 무덤의 주인은 전쟁 중에 죽은 사람이 아니었을까요?

한편, 고인돌이 제사를 지내던 제단이라고 생각하는 사람들도 있어요. 어떤 고인돌에서는 시신의 흔적이 발견되지 않거나 상판에 특이한 문양이 발견되기도 했거든요. 고인돌을 만들어서 농사의 풍요를 바라는 마음을 담아 제사를 지냈다고 보는 것이죠. 또, 마치 별자리 같이 생긴 문양이 새겨져 있는 고인돌도 발견되었는데요. 별자리는 계절마다 일정한 모양을 가지고 나타나기 때문에 과거에 별자리는 오늘날의 달력

▲ 탁자식 고인돌 ⓒwikipedia, kussy   ▲ 바둑판식 고인돌

같이 쓰였어요. 그래서 아마도 별자리를 통해 농사의 시기를 알고 이용하려 새겨 놓았을 것이라 추측하기도 해요.

고인돌은 크게 탁자식 고인돌과 바둑판식 고인돌로 나눌 수 있어요.

탁자식 고인돌은 큰 탁자처럼 생겼어요. 주로 한반도 북쪽 지방에서 많이 발견되지요. 바둑판식 고인돌은 바둑판처럼 생겨서 그렇게 불러요. 주로 한반도 남쪽에서 많이 발견되는데, 땅속에 시신을 넣고 작은 받침돌을 놓은 다음 큰 덮개돌을 덮은 모습이에요. 이러한 고인돌은 어떻게 만들었을까요? 마지막으로 탁자식 고인돌을 만드는 모습을 살펴보면서 오늘의 취재 수첩을 마칩니다.

1. 먼저 땅을 파서 받침돌을 세워요.

2. 받침돌 2개를 세운 다음 흙을 덮어 언덕을 만들어요.

3. 언덕 위로 덮개돌을 끌어 올려요.

4. 흙을 치운 뒤 받침돌 사이에 시신을 넣어요.

고종훈의 한국사 브리핑

핵심 분석 ▶ 청동기 시대

QR 코드를 찍으면 고종훈 선생님의 강의를 볼 수 있어요.

시대 ▶ 기원전 2000년 경~기원전 1500년 경에 시작되었다고 추측
청동이란? ▶ 구리+주석+아연
청동기 시대의 한 마디 ▶ 청동을 가진 자가 세상을 지배한다!
청동기 시대 사회 변화 ▶ 계급의 발생
역사적 중요도 ▶ ★★★★☆
시험 출제 빈도 ▶ 높음

청동은 주로 지배 계급이 사용했어요.

청동은 재료가 귀하고 만들기가 어려워 주로 지배 계급이 사용하였습니다. 또한 청동은 단단하지 못해 농사 도구로 사용할 수 없어 사람들은 여전히 석기로 된 농사 도구를 사용했어요. 반달 돌칼을 사용하여 곡식을 수확하고, 민무늬 토기에 저장하였지요.

벼농사가 시작되었어요.

청동기 시대에는 농업이 발달하고 벼농사가 시작되었어요. 또한 사람들은 대체로 직사각형의 움집을 지었으며, 바닥이 신석기 시대보다 지상으로 더 올라왔고 집의 규모도 커졌지요.

계급이 생겨났어요.

청동기 시대에 농업의 발달로 잉여 생산물이 생기면서 빈부 격차가 발생하였어요. 힘이 있고 재산이 많은 사람이 군장(족장)이 되어 부족을 통솔하고 제사를 주관하였습니다.

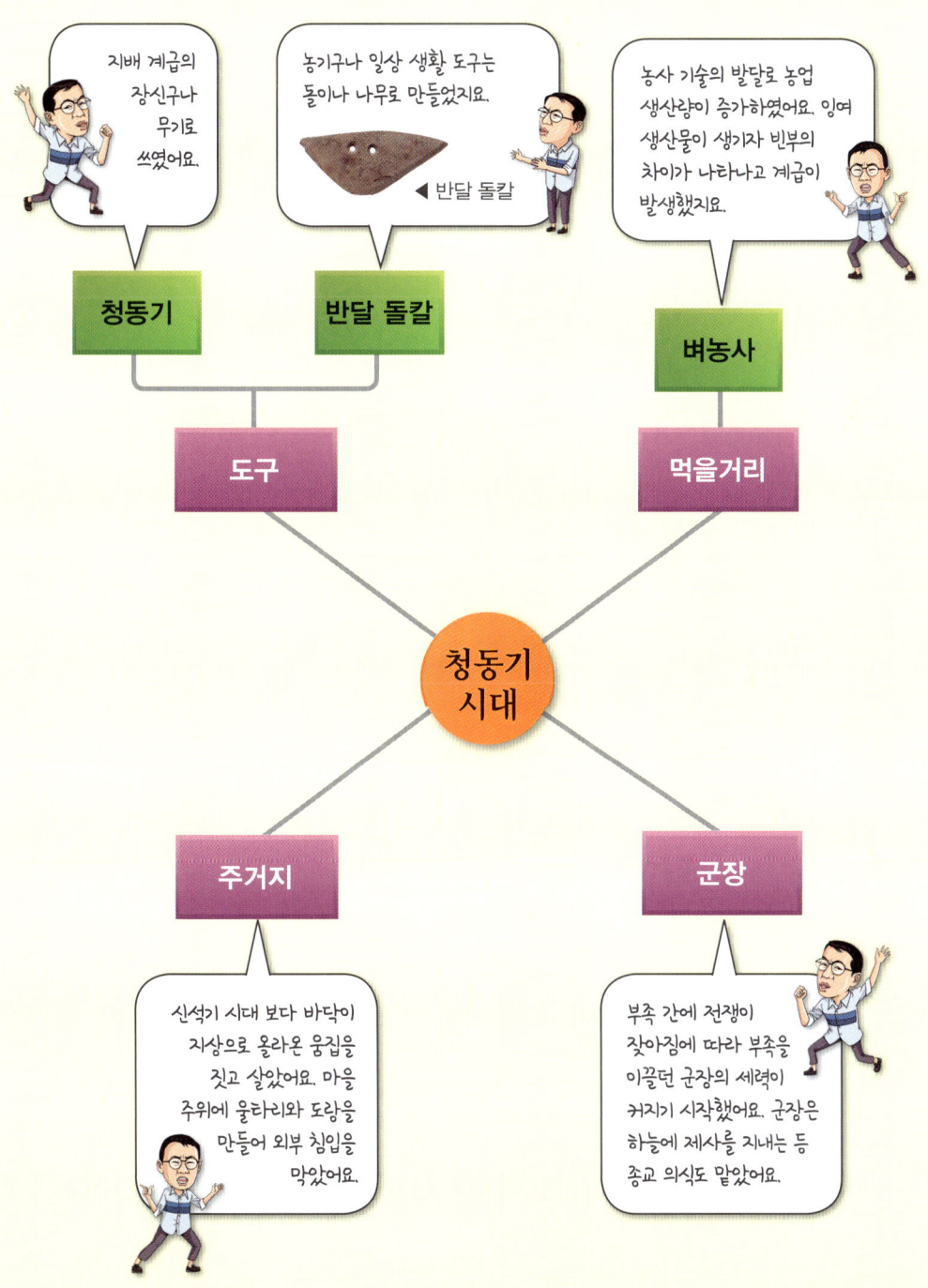

V 고조선

우리 민족 최초의 국가가 세워지다

시대 기원전 2333년~기원전 108년

타임라인 뉴스

기원전 2333 — 청동기 문화를 바탕으로 고조선이 세워지다

▲ 비파형 동검

▲ 미송리식 토기

기원전 2세기 경 — 위만이 무리 1,000여 명을 이끌고 고조선에 들어오다

기원전 194 — 이주민 세력을 통솔하면서 세력을 키운 위만이 준왕을 몰아내고 스스로 왕이 되다
고조선이 중국의 한과 한반도 남쪽의 진 사이에서 중계 무역으로 이익을 얻다

기원전 109 — 고조선의 성장에 불안을 느낀 중국의 한이 침입하다

기원전 108 — 고조선은 한의 침입에 맞서 1년 여 동안 끈질기게 저항했으나 지배층의 내분으로 멸망하다

◀ 삼국유사

1 단군왕검 이야기 1 | 인물 초대석

생방송 한국사

단군왕검 이야기의 비밀을 찾아서

우리나라 최초의 국가는 고조선인데요. 고조선의 건국과 관련해서 흥미로운 이야기가 전해지고 있습니다. 오늘은 신화 전문가 김신화 씨를 모시고 고조선의 건국 이야기인 단군왕검 이야기에 대해 알아보겠습니다. 먼저 단군왕검 이야기의 내용은 무엇인가요?

김신화

단군왕검 이야기의 내용을 간단히 말씀드리죠. 하늘 나라를 다스리는 환인에게는 환웅이라는 아들이 있었어요. 환웅은 인간 세상에 관심이 많아 아버지인 환인에게 땅으로 내려가 살고 싶다고 말했습니다. 환인은 아들에게 청동검, 청동 방울, 청동 거울을 주고 땅으로 내려보내 주었어요. 환웅은 바람, 비, 구름을 다스리는 세 명의 신하와 3,000여 명의 무리를 이끌고 인간 세상으로 내려와서 다스리기 시작하였어요.

그러던 어느 날, 환웅에게 곰과 호랑이가 찾아와 사람이 되고 싶다고 했어요. 환웅은 쑥과 마늘을 주며 이것만 먹고 100일 동안 햇빛을 보지 않으면 사람이 될 수 있을 것이라고 했지요. 곰과 호랑이는 동굴로 들어가 쑥과 마늘을 먹으며 견뎠어요. 하지만 호랑이는 참지 못하고 중간에 뛰쳐나갔어요. 반면 이를 견뎌 낸 곰은 마침내 여자로 변했어요. 여자가

118 V. 고조선

된 곰은 환웅과 결혼해 아들을 낳았는데, 이 사람이 바로 단군왕검이에요. 단군왕검은 우리 민족 최초의 나라인 고조선을 세웠답니다.

솔직히 하늘에서 사람이 내려 왔다거나 곰이 사람으로 변했다는 것이 말이 되지 않는 것 같은데요?

네, 맞습니다. 단군왕검 이야기와 같은 것을 **신화**라고 합니다. 신화에는 그 내용만으로 보면 허무맹랑한 일들이 많이 등장합니다. 사실 그것은 대체로 신화 속 주인공을 특별하게 보이기 위한 것이에요. 단군왕검 이야기의 경우, 우리나라 최초의 국가를 세운 단군왕검이 평범한 사람이 아님을 강조하기 위한 것이지요. 그런데 자세히 들여다보면 이 속에 감춰진 역사적 사실들을 찾을 수 있답니다.

예를 들어 환웅이 사람들을 이끌고 하늘에서 내려왔다는 것은 무엇을 의미할까요?

신화
신화란 신성하게 보이는 이야기로, 주로 어떤 민족이나 국가, 위대한 인물의 탄생에 관한 이야기 등에서 찾아볼 수 있어요.

글쎄요, 아마도 이들이 다른 곳에서 온 사람들이었다는 뜻이 아닐까요?

그렇습니다. 환웅의 부족은 고조선이 세워진 땅에 원래부터 살았던 사람들이 아니라 다른 곳에서 온 사람들이었을 거예요. 하늘에서 왔다고 하면 더 신성한 사람들처럼 보였겠죠? 또, 그들은 청동기를 다룰 줄 아는 사람들이었을 거예요. 청동으로 된 도구들을 가지고 왔다고 한 것에서 짐작할 수 있지요. 아마 원래 그 땅에 살던 부족은 청동기를 다룰 줄 몰랐을 것입니다. 그래서 좀 더 발전된 문화를 가지고 있던 환웅 부족 사람들이 청동기 문화를 전해 주었을 거예요.

그렇군요! 이거 재미있는데요. 계속 설명해주세요.

 바람, 비, 구름을 다스리는 신하가 나오잖아요. 바람, 비, 구름은 날씨를 뜻하는데, 날씨는 농사를 지을 때 중요하지요. 이를 통해 이 시대에도 농사가 매우 중요했음을 알 수 있어요.

상징
추상적인 개념이나 사물을 구체적인 사물로 나타냄

그렇다면 곰이 여인이 된 것은 무엇을 의미할까요?

 이것도 **상징**적인 것입니다. 호랑이와 곰은 각 부족에서 섬기던 동물일 가능성이 높아요. 호랑이를 섬기는 부족과 곰을 섬기는 부족을 말하는 거지요. 그들이 환웅을 찾아갔다는 것은 어떤 제안을 하기 위해서였을 것입니다.

제안이요? 우수한 환웅 부족과 힘을 합치려는 것이었을까요?

 그럴 것입니다. 단군왕검 이야기에서는 그 결과까지도 알려주고 있지요. 곰은 쑥과 마늘을 먹으며 견뎠지만 호랑이는 그렇게 하지 못했다고 했으니까요. 쓴 쑥과 매운 마늘은 고난을 상징해요. 새로운 생활에 적응하는 것은 매우 어려운 일이니까요. 결국 호랑이 부족은 새로운 생활에 적응하지 못한 거지요. 그러나 곰은 여자가 되어 환웅과 결혼했다는 것을 통해 환웅 부족과 곰 부족이 결합하였음을 짐작할 수 있어요.

단군왕검 이야기에 이런 비밀들이 숨겨져 있다니 정말 흥미롭습니다. 오늘 말씀 감사합니다.

1 단군왕검 이야기 2 | 헤드라인 뉴스

홍익인간 정신으로 나라를 세우다

속보입니다! 드디어 우리 민족 최초의 국가가 세워졌습니다. 바로 고조선입니다. 고조선을 세운 단군왕검은 건국이념으로 '홍익인간'을 발표했는데요. 홍익인간의 뜻이 무엇인지 많은 사람들이 궁금해 하고 있습니다. 현장에 나가 있는 김역사 기자, 전해 주시죠.

단군은 '하늘에 제사를 지내는 사람'을 뜻합니다. 왕검은 '나라를 다스리는 통치자'를 뜻하는 말이지요. 따라서 '단군왕검'은 하늘에 제사를 지내는 사람과 나라를 다스리는 통치자가 합쳐진 말이에요. 이렇게 제사와 정치를 한 사람이 맡아보는 사회를 제정일치 사회라고 해요. 우리는 단군왕검이라는 말에서 고조선이 제정일치 사회였음을 알 수 있지요.

먼저 단군왕검의 뜻에 대해 설명해 드리겠습니다.

김역사 기자

기록을 보면 단군왕검이 1500년간 나라를 다스렸다고 되어 있는데, 어떻게 사람이 1500년이나 살 수 있죠?

단군왕검은 어떤 한 사람의 이름을 의미하는 것이 아닙니다. 고조선의 제사와 정치를 주관하던 사람을 가리키는 명칭이지요. 아마 1대 단군왕검, 2대 단군왕검 … 이런 식으로 이어졌겠지요.

이념
이상적인 것으로 여겨지는 생각이나 견해

이상
생각할 수 있는 범위 안에서 가장 완전하다고 여겨지는 상태

단군왕검 자리에 오른 사람들이 그 역할을 이어 받아 계속 고조선을 통치했다는 의미로 이해하면 되겠군요?

그렇습니다. 아, 그리고 단군왕검이 세운 나라의 이름은 원래 고조선이 아니라 '조선'이었습니다. 후대의 사람들이 이성계가 세운 조선과 구분하기 위해 '고조선'이라 부른 것이지요.

단군왕검은 고조선을 세우고 '홍익인간(弘益人間)'을 건국**이념**으로 삼았어요. 건국이념이란 나라를 세우는 데 가장 높은 **이상**으로 삼는 정신을 말해요.

홍익인간이란 무슨 뜻인가요?

홍익인간이란 널리 인간을 이롭게 한다는 뜻이에요. 인간을 최고의 가치를 지닌 존재로서 존중한다는 데 그 의미가 있어요. 세상 모든 것의 중심이 인간이고, 인간이라는 그 자체만으로도 존중받아야 할 가치가 있다고 본 거지요.

그렇군요. 홍익인간이라는 고조선의 건국이념은 인간이 무엇보다 소중한 존재이며 서로가 서로에게 사랑을 베풀어야 한다는 것을 말하고 있는 것이라 할 수 있겠습니다.

▲ 마니산 참성단(인천 강화) | 단군왕검이 하늘에 제사를 지내던 곳이라 전해져요.

일연 스님이 들려주는 단군왕검 이야기

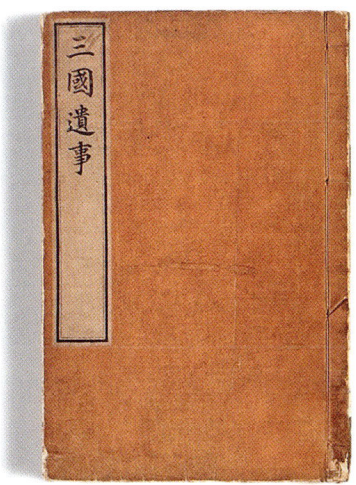

▲ 삼국유사

단군왕검은 우리나라 최초의 국가인 고조선을 세웠어요. 그래서 우리 민족을 가리킬 때 '단군의 자손'이라는 표현을 많이 쓰지요. 하지만 고려 시대까지만 해도 단군왕검의 존재를 모르는 사람들이 대부분이었다고 해요. 그 당시 단군왕검 이야기는 평양과 그 근처 지역에서만 전해지고 있었거든요.

단군왕검 이야기가 처음으로 책에 기록된 것은 일연이 쓴 『삼국유사』였어요. 일연은 고려 시대 승려예요. 일연이 살았던 시기의 고려는 최씨 무신 정권, 몽골과의 긴 전쟁, 원 간섭기를 거치며 국가적으로 매우 불안한 상태였어요. 백성들 또한 오랜 전쟁과 원의 간섭으로 지쳐있었지요. 따라서 백성들에게 민족에 대한 긍지와 자주 의식을 심어 주어 민족의 힘을 하나로 모아야 할 필요가 있었어요.

이 무렵 일연은 백성들에게 단군왕검의 이야기를 널리 알리기로 결심했어요. 우리 민족이 모두 단군왕검으로부터 시작되었다는 것을 알면 민족과 나라를 지키기 위해 더 열심히 싸울 수 있을 것이라 보았거든요. 그래서 일연은 『삼국유사』에 단군왕검 이야기와 고조선의 역사를 기록했어요. 이러한 일연의 노력으로 사람들은 점점 단군왕검과 고조선을 우리 민족의 뿌리라 생각하게 되었어요. 단군왕검 이야기는 이후 우리 민족이 어려움에 처했을 때마다 민족의 단결과 자긍심을 높이는 데 도움이 되었답니다.

그뿐만 아니라 삼국유사에는 고대의 역사, 지리, 종교, 민속, 사상, 언어, 미술 등도 두루두루 적어 놓았어요. 특히 기존 역사책에서 기록하지 않았던 고대의 설화나 전설 등을 풍부하게 실어 우리 고유의 문화와 전통을 엿볼 수 있답니다. 그리하여 오늘날에도 고대사 연구에서 빼놓을 수 없는 중요한 자료로 그 가치를 인정받고 있어요.

2 고조선 | 심층 취재

고조선이 영향을 미친 지역 밝혀져

최근 곳곳에서 고조선의 유물이 발견되고 있습니다. 이는 그 지역이 고조선의 영향력 안에 있다는 것을 알려주는데요. 오늘 뉴스에서는 고조선의 유물을 통해 고조선이 영향을 미친 지역의 범위에 대해 살펴보도록 하겠습니다.

김역사 기자

> 고조선의 대표적인 유물 세 가지가 있습니다.

바로 미송리식 토기와 비파형 동검, 탁자식 고인돌입니다. 이 세 가지 유물은 만주와 한반도 북부 지역에서 집중적으로 발굴되고 있어요. 그래서 이 지역을 고조선의 영향력이 미치던 곳이라고 추측하고 있지요.

미송리식 토기는 평안북도 의주군 미송리에서 발견되어서 이렇게 부르는데요. 표주박 모양으로 손잡이가 달려 있는 것이 특징입니다.

비파형 동검은 청동검이에요. 비파라는 악기 모양과 닮았다고 해서 붙여진 이름입니다. 칼날이 뾰족하고 중간 부분이 불룩합니다.

고인돌은 청동기 시대의 무덤인데, 넓고 평평한 돌로 시신을 둘 네모꼴의 널방을 만든 다음 그 위에 덮개돌을 올려서 만들었어요.

사실 고조선에 대한 기록은 많이 전하고 있지 않아 주로 중국의 옛날 책에서 그 기록을 찾아 볼 수 있어요. 이들 기록을 보면, 고조선은 청동

▲ 미송리식 토기   ▲ 비파형 동검

◀ 탁자식 고인돌
ⓒ wikipedia, kussy

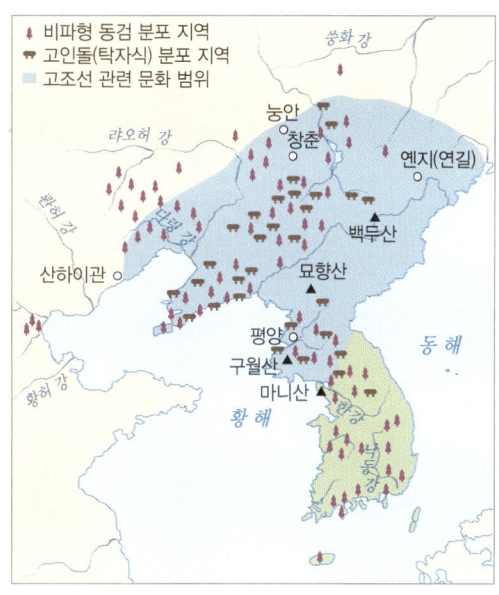

▲ 고조선 관련 문화 범위

기 문화를 기반으로 꾸준히 세력을 키워 기원전 4세기경에는 만주와 한반도 북부를 세력권으로 삼았고, 왕이라는 칭호를 사용할 정도로 발전했다고 해요.

당시 고조선의 서쪽에는 연이라는 나라가 있었어요. 기원전 4세기 무렵 중국은 주라는 나라가 다스리고 있었고, 그 아래 여러 **제후국**이 있었어요. 연은 주의 제후국 중 하나였어요. 고조선은 중국의 강성한 나라인 연에 굴하지 않을 정도로 힘을 키워 먼저 연을 공격할 정도였지요. 심지어 '조선인들은 교만하고 사납다.'라는 기록까지 남아 있답니다. 그러나 이러한 고조선에도 위기가 찾아와 멸망에 이르게 되는데요. 과연 어떻게 된 일일까요? 자세한 소식은 다음 뉴스에서 전해 드리겠습니다.

제후국

왕의 권력이 강하지 않던 시절에는 각 지방을 쪼개어 자신에게 충성을 다하는 신하나 왕족에게 나누어 주기도 했는데, 이때 만들어진 지방의 나라들을 제후국이라 해요.

전문가들이 진단한 개천절의 의미

김역사: 개천(開天)은 '하늘이 열리다.'라는 뜻으로, 개천절은 단군왕검이 우리나라 최초의 국가인 고조선을 세운 것을 기념하기 위한 날입니다. 개천절은 10월 3일인데요. 어떻게 10월 3일이라는 날짜가 정해졌나요?

김학자: 개천절의 날짜에 대해서는 학자들의 견해도 다양해요. 어떤 학자들은 단군왕검이 고조선을 세운 날이 10월 3일이라고 주장하지요. 또 어떤 학자들은 단군왕검의 아버지인 환웅이 땅으로 내려온 날이 10월 3일이라고 주장하기도 하고요.

박민족: 중요한 것은 우리에게 개천절이 어떤 의미가 있느냐는 것이죠. 개천절은 민족 국가의 건국을 축하하는 국가적 경축일인 동시에 우리 민족의 등장을 축하하고 하늘에 감사하는 민족의 전통적인 명절이라는 의미가 더 크다고 봅니다.

이행사: 저도 같은 생각이에요. 특히 우리 민족은 옛날부터 10월을 상달(上月)이라 불렀어요. 이때에는 한 해 농사를 끝내고 추수한 햇곡식으로 제사상을 차려 감사하고 경건한 마음으로 제천 행사를 치렀죠. 그래서 10월을 귀하게 여겼어요. 그뿐만 아니라 예로부터 3이라는 숫자를 매우 좋은 숫자로 여겨 왔다는 사실은 개천절이 우리에게 특별한 의미를 가진다는 사실을 알려 주는 것이라고 생각합니다.

단군왕검의 뜻을 이은 나인영

김역사 기자

우리나라 최초의 국가인 고조선을 건국한 단군왕검의 뜻을 믿고 따르며, 그것을 널리 알리고자 노력했던 인물이 있습니다. 그는 단군왕검의 정신을 이어 단군교(대종교)를 창시하기까지 했어요. 바로 나인영이라는 사람인데요.
그는 사실 고조선 시대로부터 한참 뒤인 조선 시대의 인물입니다.
그런 그가 어떻게 단군교(대종교)를 만들게 되었을까요?

  나인영(나철)은 조선 말기에 보성에서 태어났어요. 일찍이 정계에 진출했지만 일제의 간섭에 저항하여 벼슬에서 물러났지요. 당시 일본은 우리나라를 침략하여 식민지로 만들고자 하였거든요. 그 후 나인영은 일제에 맞서 열심히 독립운동을 하였지요. 을사늑약 체결에 앞장섰던 매국 대신들을 죽이려 한 죄로 귀양살이를 하기도 했습니다.
  당시 일제의 침략에 우리 민족은 여러 가지 방법으로 맞섰습니다. 종교를 이용한 투쟁도 그중 하나였어요. 나인영은 외세의 침략에 맞서 저항하기는커녕 거기에 빌붙어 권력을 얻으려는 사람들을 보고 분노하였어요. 이런 사람들만 가득하다면 우리나라와 민족에게 미래가 없다고 생각하였지요. 그래서 나인영은 우리의 민족정신을 깨우기 위해 단군교라는 종교를 만들게 되었어요. 흔들리는 민족정신을 바로 잡기 위해 단군왕검의 뜻을 널리 알려야 한다고 생각한 것이죠. 평소 뜻이 맞던 사람들과 제천(祭天)의식을 갖추고 단군교를 공식 종교로 발표하였습니다. 이후에는 단군교의 이름을 '대종교'로 바꾸고 대종교의 창시자가 되었지요.
  그뿐만 아니라 나인영은 개천절을 정하기도 하였어요. 원래는 음력 10월 3일을 개천절로 정하였는데, 이후 대한민국 정부는 양력 10월 3일을 개천절로 정하여 기념하고 있답니다.

▲ 나인영(1863~1916)

3 사회 | 심층 취재

생방송 한국사

8조법으로 본 고조선의 사회 모습

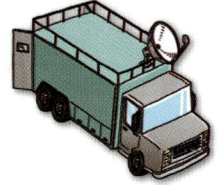

지금 고조선에서는 다른 사람에게 해를 가하거나 도둑질을 하는 등 사회 질서를 어지럽힌 사람들을 처벌하기 위한 재판이 진행 중이라고 합니다. 이 재판은 고조선의 법에 따라 이루어질 것이라고 하는데요. 자세한 내용은 현장에 나가 있는 김역사 기자가 전해 드립니다.

> 고조선은 법에 의해 다스려지는 사회였습니다.

김역사 기자

고조선에는 엄격하게 지켜지는 법률이 있었어요. 사회 질서를 유지하기 위해 꼭 지켜야 하는 8개의 법이지요. 지금은 그중 다음 3개의 조항만 전해지고 있습니다.

- 사람을 죽인 자는 사형에 처한다.
- 남을 다치게 한 자는 곡식으로 갚는다.
- 도둑질을 한 자는 노비로 삼고 만약 용서를 받으려면 돈을 내야 한다.

이 조항들의 내용을 살펴보면 고조선의 사회 모습과 고조선에서 중시했던 가치를 짐작할 수 있답니다. 그럼 각 재판의 내용을 통해 조금 더 자세히 알아보도록 하겠습니다. 첫 번째 재판은 살인 사건입니다.

재판 1. 실수로 사람을 죽인 오실수 씨의 사건
➡ 사람을 죽인 자는 사형에 처한다.

다른 사람을 죽이면 사형이라는 최고의 형벌을 내렸습니다. 고조선의 건국이념을 잊지 않았죠? 바로 홍익인간이에요. 여기에서도 알 수 있듯이 고조선 사회는 '인간의 **존엄성**'을 매우 중요하게 생각했어요. 사람의 생명이라는 가치는 그 무엇보다 중요한 것이니까요.

또한 이것은 '노동력'의 측면에서도 생각할 수 있어요. 기계가 발달하지 않은 과거 사회에서는 인간의 힘이 매우 중요했어요. 만일 서로가 서로를 죽이는 일이 자주 발생한다면 점차 사람 수가 줄어들어 자연스레 일할 사람도 줄어들게 될 거예요. 그렇기 때문에 살인에 대해 엄격한 형벌을 만들어 놓아 함부로 다른 사람의 생명을 빼앗는 일이 일어나지 않도록 한 거예요.

존엄성
감히 범할 수 없는 높고 엄숙한 성질

재판 2. 친구와 몸싸움이 일어나 다리를 부러뜨린 나잘못 씨의 사건
➡ 남을 다치게 한 자는 곡식으로 갚는다.

사람을 다치게 하면 다친 사람은 일을 할 수 없게 되지요? 이렇게 노동력에 손해를 입혔다면 그에 맞는 대가를 치러야 하는 거예요.

그런데 이때 곡식으로 갚는다는 것은 고조선 사

회에서 곡식을 중요하게 생각하였고, 나아가 농사가 활발하게 이루어졌다는 것을 짐작하게 해 줍니다.

재판 3. 아픈 어머니를 위해 도둑질을 한 최효녀 씨의 사건
➡ 도둑질을 한 자는 노비로 삼고 만약 용서를 받으려면 돈을 내야 한다.

누군가의 물건을 훔친다는 것은 개인이 소유한 재산이 있기 때문에 가능한 것이에요. 따라서 도둑질이라는 말을 통해 고조선 사회에서는 개인이 자신의 재산을 소유할 수 있었다는 것을 알 수 있지요.

그런데 도둑질을 한 사람을 **노비**로 삼는다고 했어요. 노비가 있었다는 것은 고조선 사회가 신분이 나뉜 사회라는 것을 알려주지요. 이때 노비는 노동력으로써 노비를 소유한 사람의 재산이 되는 것이죠. 또, 용서를 받으려면 돈을 내야 한다는 것으로 보아 고조선에서는 **화폐**가 사용되었을 거예요. 화폐의 사용은 고조선 사회에서 상업이 발달하였을 것이라 짐작하게 해 줍니다.

지금까지 살펴본 것처럼 고조선에서는 매우 엄격한 법이 적용되었어요. 이를 통해 범죄 발생률을 낮추고 고조선 사회를 안정시킬 수 있었을 것으로 보입니다.

노비
최하층 신분인 천민을 뜻해요. 사내종과 계집종을 아울러 이르는 말이지요.

화폐
동전, 지폐 등의 돈을 말해요. 상품을 교환할 때 가치의 기준이 되며 상품의 교환을 가능하게 해 주는 일반화된 수단이에요.

'눈에는 눈, 이에는 이' 함무라비 법전

김역사 기자

앞에서 배운 고조선의 법률은 다른 사람에게 해를 입힌 만큼 되돌려주는 것을 기본으로 하고 있어요. 그런데 기원전 18세기 무렵 메소포타미아 지역에 나타난 바빌로니아 왕국의 함무라비 법전에서도 비슷한 내용을 발견할 수 있다고 합니다. 어떤 내용인지 함께 살펴볼까요?

먼저 함무라비 법전의 구체적인 내용을 몇 가지 살펴보겠습니다.

- 만일 누군가가 타인을 고소하고 소송을 제기했으나 사실을 입증하지 못하면, 고소인은 처형당한다.
- 만일 자식이 자기 아버지를 때렸다면, 그의 손을 잘라 버린다.
- 만일 한 사람이 다른 사람 자식의 눈을 상하게 했다면, 그의 눈을 상하게 한다.
- 만일 누군가가 타인의 뼈를 부러뜨렸다면, 그 사람의 뼈를 부러뜨린다.

어때요? 내용이 무시무시하지요? 함무라비 법전은 '이에는 이, 눈에는 눈'이라는 말로 유명해요. 즉 해를 입힌 만큼 돌려준다는 뜻이에요. 이런 것을 복수주의라고 해요. 복수주의는 고대 법률의 공통적인 특징이에요. 이는 고조선의 법률에서도 찾아볼 수 있지요. 하지만 함무라비 법전의 내용은 누구에게나 똑같이 적용되는 것은 아니었어요. 신분에 따라 차별적으로 적용되었답니다.

함무라비 법전의 조항을 통해서 당시 바빌로니아 사회가 사제와 귀족, 상인과 농민, 노예의 세 계층으로 구성되었고, 농경이나 목축보다는 상업을 중심으로 한 사회였다는 사실도 알려졌다고 해요. 고조선의 법률을 통해 고조선 사회의 모습을 짐작한 것처럼 말이죠. 함무라비 법전은 약 2.25m 높이의 돌 기둥 형태인데요, 오늘날에는 프랑스의 루브르 박물관에 소장되어 있답니다.

4 고조선의 멸망 1 | 헤드라인 뉴스

위만, 고조선의 왕이 되다

속보입니다. 중국 연에서 많은 사람들이 고조선을 찾아왔습니다. 이들은 고조선의 신하가 되기를 청하고 있다고 하는데요. 이들의 우두머리는 위만이라는 사람입니다. 도대체 어떻게 된 일일까요? 김역사 기자가 취재했습니다.

김역사 기자

먼저 당시 국제 정세를 살펴보겠습니다.

기원전 2세기 중국은 매우 혼란스러운 상황이었습니다. 중국을 최초로 통일한 나라는 진이었어요. 그러나 기원전 206년 진은 성립된 지 15년 만에 멸망했어요. 진이 망하자 많은 나라들이 생겨나 서로 전쟁을 하기에 바빴지요. 이러한 상황은 중국 가까이에 자리 잡고 있는 고조선에도 영향을 미쳤어요. 전쟁을 피해 사람들이 중국에서 고조선으로 건너오기 시작한 거예요.

위만도 그중 한 사람이었습니다. 위만은 천여 명의 사람들을 이끌고 와 고조선의 왕에게 부탁했습니다.

"저를 신하로 받아 주십시오. 고조선을 위해 열심히 일하겠습니다."

당시 고조선의 왕이었던 준왕은 위만이 마음에 들었어요.

"그대는 지혜롭고 사람들도 잘 이끄는 듯 보이는군. 내가 그대에게 고조선의 서쪽 국경을 맡겨 보겠네. 아무쪼록 그대의 기량을 발휘하여 잘 이끌어 보게나."

위만은 능력이 있는 사람이었어요. 그는 고조선의 서쪽 국경을 튼튼히 하고 사람들도 잘 이끌었어요. 위만을 따르는 사람들은 날로 늘었지요. 그러자 위만은 이런 생각이 들었습니다.

'내가 이렇게 사람들을 잘 다스리고 능력이 있는데 왕이 못 될 것은 또 무엇인가?'

때마침 나라 밖의 상황도 변화하였습니다. 한이라는 나라가 중국을 다시 통일했거든요. 당시 한은 매우 강력해 주변국들이 두려워하고 있었어요. 이를 이용해 위만은 한 가지 꾀를 생각해 냈어요. 위만은 준왕을 찾아가 말했답니다.

"지금 엄청난 수의 한 군대가 고조선으로 몰려오고 있습니다. 아무래도 제가 왕이 계신 이곳을 지켜야 마음이 놓일 것 같으니 저와 저의 군대를 이곳 성에 들어오게 해 주십시오."

위만의 말을 철석같이 믿은 준왕은 성문을 열어 위만의 군대를 왕검성 안으로 들어오게 하였지요. 그러나 위만은 성 안으로 들어오자 준왕을 쫓아내고 왕검성을 차지해 버렸습니다. 이렇게 위만은 고조선의 새로운 왕이 되었어요. 왕위를 빼앗긴 준왕은 배를 타고 남쪽에 있는 진으로 달아났어요. 이때가 기원전 194년으로, 위만이 왕이 된 이후의 고조선을 단군왕검이 세운 고조선과 구분하여 위만 조선이라고 부릅니다. 위만의 집권 이후 고조선은 어떻게 되었을까요? 다음 뉴스에서 계속 전해 드리겠습니다.

고조선이 중국의 역사?

중국에서 온 위만이 왕위에 올랐다고 고조선이 중국의 나라라고 생각하면 안 됩니다. 위만은 왕위에 오른 후에도 '조선'이라는 나라 이름을 계속 사용했고, 우리 민족처럼 상투를 틀고 있었다는 기록으로 보아 중국에서 오기는 했지만 우리와 같은 계통의 민족이었던 것으로 보여요.

4 고조선의 멸망 2 | 헤드라인 뉴스

지금 중국의 한과 고조선이 한창 전쟁 중입니다. 강대국인 한을 상대로 고조선은 꿋꿋이 잘 싸우고 있습니다. 그런데 이 두 나라는 왜 전쟁을 하게 된 것일까요? 김역사 기자가 치열한 전투의 현장에 나가 있습니다.

위만이 집권한 이후 고조선은 꾸준히 성장하였습니다.

김역사 기자

위만은 중국의 한을 통해 철기 문화를 적극적으로 받아들이며 농업을 발전시켰어요. 철제 무기로 주변 나라들을 정복하며 영토를 넓혀 갔지요. 그리하여 위만의 손자인 우거왕 때에 이르러 고조선은 더욱 강한 나라가 되었어요.

고조선은 중국의 한과 한반도 남쪽의 나라들 사이에 자리 잡고 있는 지리적 특성을 이용해 경제적 이익을 얻었습니다. 중국의 한과 한반도 남쪽의 나라들이 무역을 할 때 반드시 고조선을 거치도록 한 것이지요. 고조선은 한에서 물건을 들여와 다른 주변국들에게 이익을 붙여 팔았습니다. 이러한 무역을 통해 고조선은 많은 이익을 얻을 수 있었어요. 이것을 **중계 무역**이라고 합니다.

그럼 당시 상황에 대해 우거왕의 말씀을 들어보겠습니다.

우거왕

고조선이 중계 무역으로 이익을 챙기자 중국 한의 황제는 분노했습니다. 고조선에 한과 다른 나라 간의 교역을 막지 말라는 경고를 하기도 했지요. 하지만 고조선은 개의치 않았습니다. 오히려 **흉노**와 손을 잡고 세력을 키워나갔어요. 그러자 한은 고조선의 이런 태도에 몹시 당황하더군요. 아마 한은 고조선이

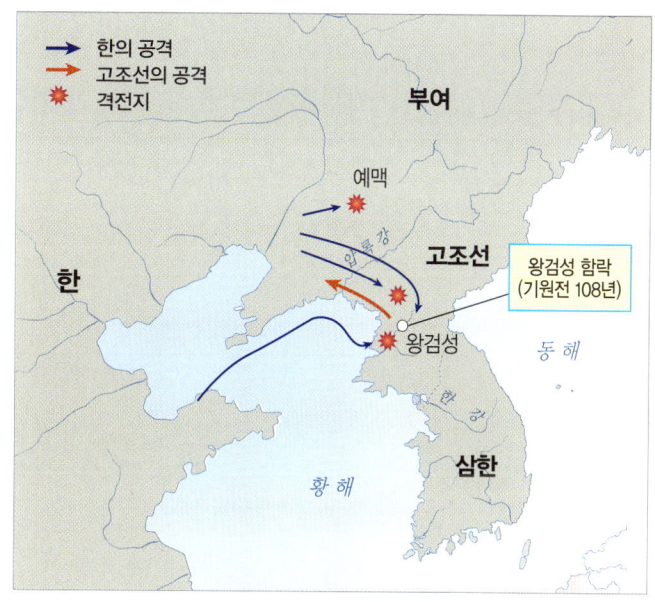

▲ 한과 고조선의 전쟁

더 성장하기 전에 먼저 공격해야겠다고 생각했던 것 같아요. 곧 한의 군사들이 고조선으로 쳐들어오기 시작했거든요.

한은 바다와 육지 양쪽에서 고조선을 공격했는데, 그 군사의 수가 어마어마했어요. 바다에서 7천여 명, 육지에서는 5만여 명에 달했거든요. 고조선의 군대는 수적으로 부족했지만 한에 맞서 열심히 싸웠어요. 때로 기습 공격을 펼치기도 했고요. 결국 고조선이 승리했답니다!

정말 자랑스러운 승리네요. 고조선이 승리한 이후에도 한은 고조선을 쉽게 포기하지 않았습니다. 한은 다시 고조선을 침략해 왔어요. 한은 약 1년간 끈질기게 고조선을 공격했습니다. 긴 싸움이었지요. 고조선의 사람들도 점점 지쳐가기 시작했어요. 이를 눈치 챈 한은 고조선의 사람들을 **회유**하기 시작했습니다.

중계 무역
다른 나라로부터 수입해 온 물자를 그대로 또 다른 나라에 수출하여 이득을 취하는 것을 말해요.

흉노
중국 북쪽에서 생활하던 유목 민족이에요.

회유
어루만지고 잘 달래어 시키는 말을 듣도록 함

매수
금품이나 그 밖의 수단으로 남의 마음을 사서 자기편으로 만드는 일

"지금 항복하면 높은 벼슬과 재산을 내리겠다."

우거왕과 그의 충직한 신하 성기 장군은 한에 맞서 끝까지 싸우려 하였어요. 그런데 한에 **매수**된 사람들이 우거왕을 죽이고 한에 항복해 버린 거예요.

"우리는 끝까지 싸워 고조선을 지켜야 한다!"

성기 장군은 사람들을 모아서 끝까지 왕검성을 지켜내고자 했어요. 그러자 한은 이번에는 우거왕의 아들을 매수했어요. 성기 장군을 죽이고 한으로 넘어오면 잘 대해 주겠다면서요. 결국 우거왕의 아들은 성기 장군을 죽이고 한에 항복했어요.

이때가 기원전 108년이에요. 고조선은 이렇게 멸망하고 말아요.

그 후 한은 고조선 땅에 낙랑, 임둔, 진번, 현도라는 '군'을 두어 다스렸는데, 이를 한의 4개 군이라는 뜻으로 '한 4군'이라고 불러요. 하지만 한의 군현은 점차 사라지고 낙랑군만 남아 있다가 313년 고구려에 완전히 넘어가지요. 한편, 고조선의 멸망 후 고조선 백성들은 중국으로 끌려가거나 한반도 남쪽으로 내려가는 등 뿔뿔이 흩어졌어요. 그리고 고조선이 차지하고 있던 자리에는 새로운 나라들이 생겨나기 시작했답니다.

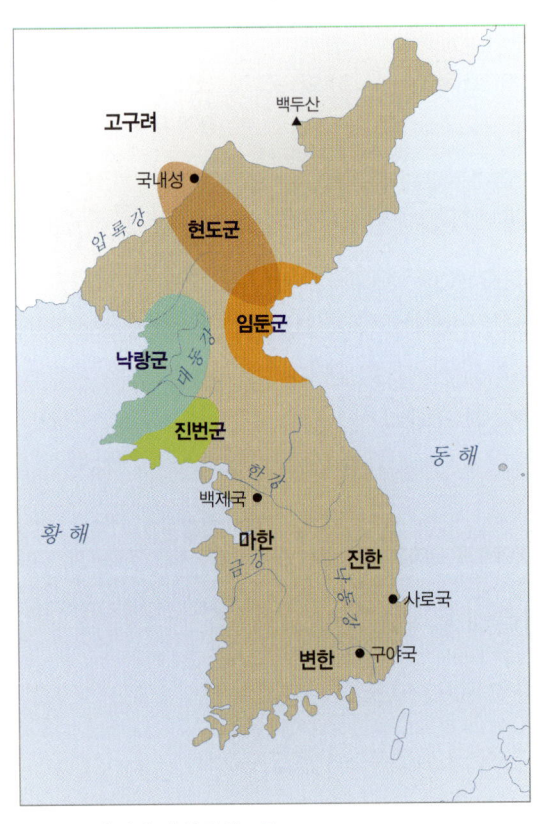

▲ 고조선 땅에 세워진 한 4군

단골이 단군왕검에서 나온 말이라고요?

늘 정해 놓고 거래를 하는 사람을 우리는 '단골'이라고 부릅니다. 그런데 '단골'이라는 말은 어떻게 생겨나게 된 것일까요? 도움 말씀해 주실 김할머니를 모셨습니다.

김할머니

단골이란 원래 전라도 일대에서 대대로 세습되는 무당을 뜻하는 말이에요. 예로부터 사람들은 집안에 재앙이 생기거나 가족이 병에 걸리면 무당을 불러다 굿을 하거나 제사를 지냈다우. 이때 집집마다 항상 정해 놓고 부르던 무당이 있었는데, 이를 단골이라고 해요. 단골네, 단골에미, 당골네, 당골에미 등으로 부르기도 한다우. 또 이런 무당이 자기와 신앙 관계를 맺은 신도를 단골이라고 부르기도 했어요. 이러한 말의 쓰임이 확장되어 오늘날의 단골 손님이라는 말로 이어지게 된 것이라우.

그런데 '단골'이 '단군과 같은 뼈'라는 의미라고 주장하는 의견도 있다우. 아시다시피 고조선을 세운 단군왕검은 하늘에 제사를 지내는 사람을 뜻하는 단군과 정치 지배자를 뜻하는 왕검이 합쳐진 말인데요. 그중 종교적 지배자를 뜻하는 '단군'이 무당을 뜻하는 '당굴'의 한자 표기이고, 이것이 '단골'로 남아 오늘날까지 쓰이게 된 것이라고 주장하는 사람들도 있다우. 오늘날 우리가 흔히 사용하는 '단골'이라는 말이 고조선을 세운 단군왕검과 관련 있다니 정말 재미있지 않수?

 고종훈의 한국사 브리핑

핵심 분석 ▶ 고조선

QR 코드를 찍으면 고종훈 선생님의 강의를 볼 수 있어요.

한반도 최초의 국가 고조선

시대 ▶ 기원전 2333년~기원전 108년
고조선의 건국 이야기 ▶ 단군왕검 이야기
고조선 건국이념 ▶ 홍익인간
고조선의 대표적 유물 ▶ 미송리식 토기, 비파형 동검, 탁자식 고인돌
고조선에서 죄를 지으면? ▶ 8조법으로 다스린다.
역사적 중요도 ▶ ★★★★☆
시험 출제 빈도 ▶ 높음

고조선의 최고 권력자 단군왕검
무당, 제사장 군장, 정치적 지배자

단군왕검은 고조선의 최고 권력자예요.

고조선은 널리 인간을 이롭게 한다는 홍익인간 정신을 바탕으로 세워진 나라예요. **단군왕검은 제사장을 뜻하는 단군과 정치 지배자를 뜻하는 왕검이 합쳐진 말로, 당시 고조선이 제정일치 사회였음을 알 수 있어요.**

고조선에는 8조법이 있었어요.

고조선에는 8개의 법 조항이 있었어요. 현재는 그 중 3개의 조항만 전해지고 있어요. **8조법을 통해 고조선 사회의 모습인 생명 중시, 사유 재산 존재, 농경 사회, 계급의 존재 등을 짐작할 수 있습니다.**

기원전 109년, 한무제의 고조선 공격

고조선은 한의 침략으로 멸망했어요.

위만의 집권 이후 고조선은 철기를 본격적으로 수용하여 더욱 발전하였습니다. 또한 **중국의 한과 한반도 남쪽의 나라들 사이에서 중계 무역을 통해 힘을 길렀지요. 그러나 이를 경계한 한의 침략으로 결국 멸망하고 말았습니다.**

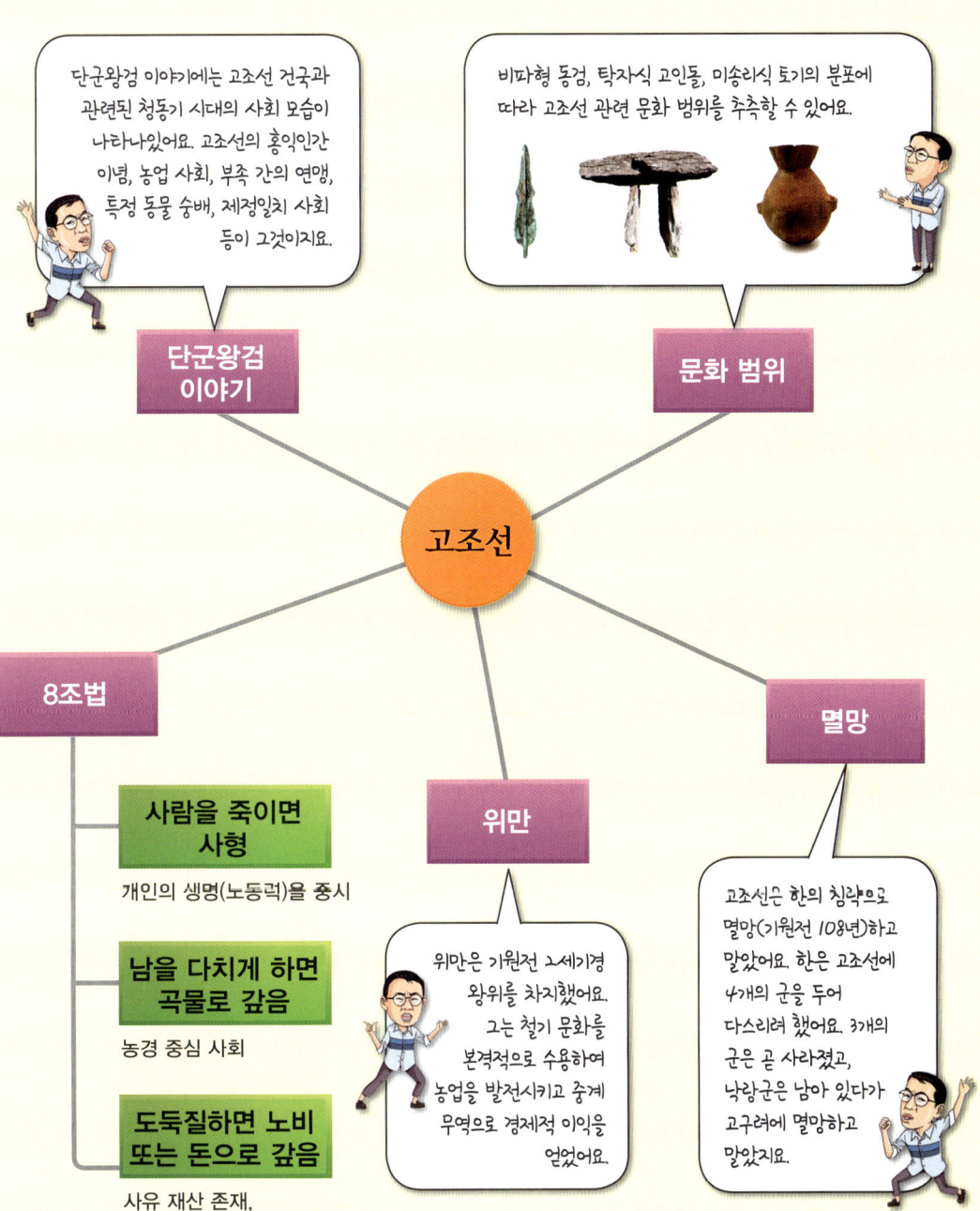

VI 초기 국가의 성립

여러 나라들이 생겨나다

시대 기원전 2세기 ~

타임라인 뉴스

| 기원전 2세기 경 | 한반도 북부 쑹화 강 유역의 평야 지대에 부여가 세워지다 |

| 기원전 1세기 경 | 부여, 왕 칭호를 사용하며 국가 체제를 마련하다 |

| 기원전 37 | 압록강 근처의 졸본 지역에서 고주몽이 고구려를 세우다 |

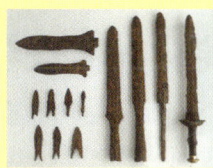
◀ 철제 무기

| 1세기 경 | 삼한이 서서히 성장하다 |

| 2세기 말 | 동예의 많은 세력이 고구려의 지배하에 들어가다 |

| 3세기 초 | 옥저가 함경도 동해안을 따라 크게 성상하다 |

| 3세기 말 | 부여, 외적의 침입으로 세력이 위축되다 |

| 244 | 옥저, 고구려의 침입 후 고구려의 지배를 받게 되다 |

◀ 독무덤

| 494 | 부여가 고구려의 침입으로 멸망하다 |

솟대 ▶

1 도구 1 | 인물 초대석

생방송 한국사

철로 만든 무기가 사용되다

철기가 보급되면서 사람들의 생활이 많이 달라졌습니다. 특히 부족 간에 전쟁이 잦아지고 그 규모도 커졌는데요. 오늘은 철로 무기를 만드는 철제 무기 전문가 김철기 씨를 모시고 철제 무기를 만드는 방법과 철제 무기가 끼친 영향에 대해 자세한 이야기를 들어보겠습니다.

김철기

도구를 만드는 인간의 기술이 날로 발전해 드디어 청동기 시대를 지나 철기 시대로 접어들었어요. 철로 만든 여러 도구를 일컬어 철기라고 하지요.

철은 매우 강하고 단단한 금속이기 때문에 청동기보다 훨씬 더 단단하고 날카로운 무기를 만들 수 있었어요. 무엇보다 재료를 구하기도 쉬웠어요. 청동기의 재료인 구리와 주석은 우리나라에서 구하기 어려웠지만 철은 상대적으로 **매장량**이 많은 편이었거든요.

네, 그렇군요. 그럼 철기를 만드는 방법을 간단하게 설명해 주시겠습니까?

철기는 청동기보다 우수한 도구인만큼 만드는 것이 꽤 까다로워요. 먼저 쇠를 녹일 수 있을 정도로 높은 온도를 만들어야 했

어요. 철기는 청동기보다 높은 온도에서 만들어지거든요. 이를 위해 불에 바람을 불어넣습니다. 약한 불은 바람에 꺼지지만 큰 불은 바람을 넣어 산소를 공급할수록 더욱 거세게 타오르지요. 이것을 풀무질이라고 해요. 불을 다루는 기술이 발전한 것을 알 수 있겠죠?

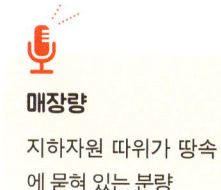

매장량 지하자원 따위가 땅속에 묻혀 있는 분량

철기 모양을 만드는 방법으로는 단조와 주조가 있어요. 덩이쇠를 불에 달구고 망치질을 해 원하는 모양을 만드는 방법을 '단조(鍛造)'라고 해요. 두들기거나 눌러 만든다는 뜻이지요. 또, 틀에 쇳물을 부어 원하는 모양을 만드는 방법도 있는데, 이를 '주조(鑄造)'라고 합니다.

만드는 방식이 다른 까닭은 무엇인가요?

쇠를 불에 달구고 망치로 두들기면 더 단단한 철기를 만들 수 있거든요. 그래서 견고한 무기를 제작할 때는 주로 단조의 방법으로 만들었지요.

하지만 단조의 과정은 시간도 많이 걸리고 한꺼번에 많은 양의 철기를 만드는 데에는 적합하지 않았어요. 그래서 농기구나 솥 등 대량으로 만들어야 할 때는 주조의 방식을 이용했답니다. 만드는 것의 목적에 맞게 만드는 방식을 달리한 것이라고 볼 수 있죠.

단조의 방식으로 만들 때에는 마지막으로 '담금질'을 합니다. 망치질을 한 쇠를 찬물에 집어넣는 것을 말하는데, 이 과정을 몇 번씩 되풀이해서 더 단단하게 만드는 것이죠.

고조선에서는 이러한 철기를 언제부터 본격적으로 사용하였나요?

 위만이 고조선의 새로운 왕이 된 이후부터지요. 당시 중국의 한에서는 이미 철기를 사용하고 있었어요. 위만이 한으로부터 철기를 받아들여 고조선에 철기가 널리 보급되었어요. 그리고 고조선은 다시 주변의 작은 나라에 철기를 전해 주었어요. 그리하여 기원전 1세기 무렵에는 한반도 곳곳에서 철기를 널리 사용하게 되었답니다.

철로 만든 무기를 사용하면서 어떠한 변화가 나타났나요?

 이전에 청동기로 만든 무기가 있긴 했지만 전쟁을 위한 도구로 보긴 어려워요. 청동기는 재료가 귀하고 철기보다 단단하지 않았기 때문에 무기보다는 장신구나 제사용 도구로 사용되는 경우가 많았어요. 하지만 철은 매장량이 많아 쉽게 얻을 수 있었고, 단단하고 날카로운 무기를 만들 수 있었어요.

철기를 이용하여 세력을 키운 부족들은 이웃의 부족을 정복하거나 연합하여 세력을 확장하고 더 넓은 땅을 지배하기 시작했어요. 이로써 국가가 나타나기 시작한 거예요.

철기가 널리 보급되면서 철기를 잘 다루어 세력을 키운 부족들이 국가로 발전하게 된 것이로군요. 오늘 말씀 감사합니다.

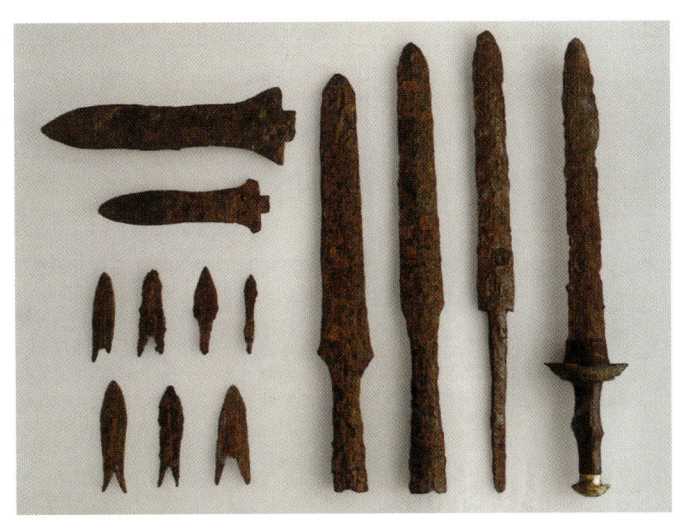

▲ 철제 무기

1 도구 2 | 심층 취재

오늘 철제 농기구 시장이 열렸다고 합니다. 소식을 듣고 찾아 온 사람들로 시장은 발 딛을 틈이 없다고 하는데요. 다양한 철제 농기구들이 농민들의 지갑을 열게 만들고 있습니다. 이 생생한 장터의 풍경을 김역사 기자가 취재했습니다.

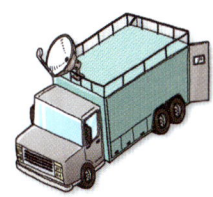

철기가 보급되면서 사람들은 철제 농기구를 만들어 썼습니다. 이에 따라 농사가 더욱 발전할 수 있었다고 하는데요. 이곳을 찾은 농민과 잠시 이야기를 나누어 보겠습니다.

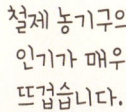

철제 농기구의 인기가 매우 뜨겁습니다.

김역사 기자

박풍년

철기는 저희들의 일상생활에도 많은 영향을 주었어요. 단단한 철로 만든 농기구가 등장하자 농사를 짓기가 한결 수월해졌거든요. 저도 오늘 쇠낫과 쇠도끼를 살 생각이랍니다.

철제 농기구를 사용하기 전에는 돌이나 나무로 농기구를 만들어 썼어요. 농사를 짓기 위해서는 먼저 땅을 파야 하는데 땅을 파다보면 가끔 돌이 나오지 않습니까? 그런 것에 잘못 부딪히면 그만 깨져 버리는 게

▲ 철제 농기구

석기로 된 농기구의 단점이었어요. 나무로 만든 농기구는 말할 것도 없지요.

그렇다면 청동기로 만들면 되지 않겠냐고 생각하실 수도 있겠습니다만 청동은 재료가 너무 귀하기도 했고, 무엇보다 단단하지 못했어요. 하지만 철기는 다릅니다. 굉장히 단단하고 날카롭게 만들 수 있지요. 철제 농기구를 사용하고 있는 농민의 이야기를 들어보겠습니다.

이수확

땅을 깊게 파는 것은 농사를 짓는 데 꽤 중요해요. 땅을 깊게 파면 공기가 잘 통해서 땅이 가지고 있는 본래의 힘이 더 강해지거든요. 그러면 품질 좋은 농작물을 더 많이 얻을 수 있답니다. 또, 땅을 한 번 갈아엎으면 이전보다 잡초도 덜 올라오고요.

철제 농기구가 널리 사용되면서 농사짓는 것이 더 편리해지자 농업 생산량이 늘어났어요. 이에 따라 인구도 많이 늘어났지요. 한편, 농업 생산량이 늘어나자 사람들 사이에 빈부 격차가 점점 더 벌어지게 되었고, 사회는 더 복잡해졌어요.

이처럼 철기의 보급은 단순히 도구의 발전에 그친 것이 아니라 사람들의 생활 모습에도 많은 영향을 끼쳤답니다. 다시 말해 철기의 발전이 국가가 성립하고 발전하는 데 큰 영향을 끼쳤다고 할 수 있겠습니다.

스페셜뉴스 비하인드 뉴스

유물로 살펴보는 철기 시대

우리나라의 철기 시대 유적지에서는 명도전이나 반량전 같은 중국 화폐가 발견되곤 합니다. 이를 통해 우리나라가 오래전부터 중국과 교류했다는 것을 알 수 있어요.

명도전은 명(明)자가 새겨진 칼 모양의 중국 화폐인데, 자루에는 3줄의 직선무늬가 있고 끝은 고리 모양으로 되어 있어요. 중국의 연(燕), 제(齊), 조(趙)에서 사용되었고, 우리나라에서는 청천강, 대동강, 압록강 상류 지역과 한반도 서북부에서 많이 발견되었어요. 연의 명도전이 가장 많이 발견되고 있어 고조선이 연과 활발하게 교역하였음을 알 수 있지요.

▲ 명도전

반량전은 중국의 진(秦), 한(漢) 때 만들어 쓰던 돈으로 원형의 가운데 네모난 구멍이 뚫려 있고 '반량(半兩)'이라는 글자가 새겨져 있는 것이 특징이에요. 우리나라에서는 남해 늑도에서 출토되었어요.

▲ 반량전의 거푸집

다호리 붓은 경상남도 창원시 다호리 유적지에서 발견되었어요. 붓대는 나무를 깎아 만든 후 그 위에 흑칠을 해 만들었어요. 붓의 기본적인 구조는 중국의 붓과 비슷해요. 그러나 붓털을 양쪽에 부착하여 실용성을 높이고, 중잉에는 고리를 꿰어 매달도록 구멍을 뚫어 놓은 것이 특징이에요. 이러한 점으로 보아 다호리 붓은 중국에서 들어온 것이 아니라 다호리 지역에서 직접 만들었을 가능성이 높아요. 그런데 여러분, 붓의 용도가 뭘까요? 글을 쓰기 위한 것이지요? 붓이 출토되었다는 것은 바로 문자 생활을 했다는 것을 의미한답니다. 이처럼 유물을 통해 그 시대 사람들이 어떻게 생활을 했을지 짐작해 볼 수 있어요.

▲ 다호리 붓

2 국가 성립 | 헤드라인 뉴스

생방송 한국사

철제 무기와 철제 농기구가 널리 사용되면서 이를 이용하여 힘을 키운 부족들을 중심으로 국가가 생겨나기 시작했습니다. 한반도에는 어떤 나라들이 생겨났으며, 이들은 어디에 위치하고 있는지 김역사 기자가 취재했습니다.

철기 문화가 널리 사용되면서 국가가 등장하기 시작했습니다.

김역사 기자

한반도 지역에 철기가 보급되기 시작한 것은 기원전 5세기경이라고 해요. 처음에는 청동기와 함께 사용되다가 기원전 1세기에 이르러 철기가 널리 사용되었답니다. 철기가 보급되면서 철로 만든 강력한 무기가 많아지자 부족 간에 전쟁도 자주 일어나게 되었어요. 철제 무기를 이용해 힘을 키운 부족은 주변 부족을 정복하거나 연합하면서 국가로 발전했어요. 이러한 형태의 국가를 **연맹 왕국**이라고 합니다.

이 무렵 고조선이 한의 공격으로 멸망하였고, 만주와 한반도에는 크고 작은 나라들이 세워지기 시작했어요. 안타깝게도 이 국가들에 대한 기록은 거의 남아 있지 않아요. 하지만 그중 몇몇 나라들은 중국의 기록을 통해 살펴볼 수 있어요.

그럼 철기 문화를 바탕으로 새로 생겨난 나라들에 대해 알아볼까요?

먼저 부여입니다. 부여는 고조선이 멸망(기원전 108년)하기 얼마 전에 만주 지역을 중심으로 세워졌지요. 이 지역은 평야가 많지만 북쪽에 위치하였기 때문에 대체로 추운 지역이에요.

부여에서는 농경뿐만 아니라 가축을 기르는 목축업도 발달했어요. 특히 부여의 말은 힘이 좋고 빠르기로 유명했지요. 1세기 무렵 부여는 크게 성장하여 중국과도 자주 교류하였어요.

이 부여에서 갈라져 나온 나라가 고구려입니다. 고구려는 졸본 지방에서 시작되었어요.

▲ 철기 시대 여러 나라의 성장

요. 압록강 중부와 압록강의 지류인 혼강 일대에 위치한 졸본은 평야보다 산이 많은 지역이었지요. 산이 많으니 농사짓기가 쉽지 않아 먹을 것이 항상 부족했지요. 그래서 고구려 사람들은 더 윤택한 땅을 얻기 위해 주변의 나라들과 전쟁을 하며 영토를 넓혀 갔어요.

한편, 고구려는 지리적으로 중국과 가까웠기 때문에 다른 나라들에 비해 일찍부터 철기 문화를 받아들일 수 있었어요. 이는 고구려의 발전에 큰 영향을 주었지요.

이번에는 옥저와 동예를 볼까요? 옥저는 오늘날의 함경도 해안 지방에 세워진 나라예요. 부여나 고구려에 비하면 규모가 작은 나라였지요. 하지만 해안 지방에 위치한 덕분에 해산물과 소금이 풍부했어요. 또한

연맹 왕국

여러 부족들이 우두머리 국가(맹주국)를 중심으로 연맹체를 구성하는 국가 형태

땅이 비옥하여 곡식도 잘 자랐어요. 동예는 오늘날의 강원도 북부 지역에 있던 나라입니다. 옥저와 마찬가지로 작은 나라였어요.

옥저와 동예는 지리적으로 중국과 떨어져 있어 새로운 문화와 기술을 받아들이기 쉽지 않았어요. 게다가 바로 옆에 위치한 고구려가 두 나라를 끊임없이 위협했지요. 결국 동예와 옥저는 큰 나라로 발전하지 못하고 고구려에 흡수되었답니다. 이 무렵 부여 역시 고구려에 정복되었어요.

이제 한반도 남쪽 지역으로 눈을 돌려 보겠습니다. 한반도 남쪽에는 약 80여 개의 작은 나라들이 존재했어요. 예부터 한반도 남쪽은 기후가 따뜻하고 강과 들이 있어 사람들이 살기 좋은 조건이었거든요. 특히 고조선이 멸망하자 한의 지배를 피해 많은 고조선 사람들이 한반도 남쪽으로 내려왔어요. 이들에 의해 철기 문화가 널리 전해졌지요. 이는 한반도 남쪽의 나라들이 성장하는 데 중요한 역할을 하게 됩니다.

그중에서도 진한, 마한, 변한의 삼한 사람들은 철기를 바탕으로 주로 농사를 지으며 살았어요. 이 지역은 땅이 기름져서 농사가 아주 잘 되었지요. 특히 벼농사를 많이 지었는데, 벼농사를 지으려면 물이 많이 필요했기 때문에 물을 저장해 둘 수 있는 저수지도 많이 만들었어요. 또, 마를 심어 베를 짜고, 뽕나무를 심고 누에를 쳐 비단도 지었어요. 그뿐만 아니라 변한 지역은 철이 풍부해 낙랑과 왜 등에 수출할 정도였답니다.

지금까지 철기 문화를 바탕으로 성립한 국가들에 대해 말씀드렸는데요. 각 나라들에 대한 소식은 다음 뉴스를 통해 계속해서 전해 드리겠습니다.

 그때 그 물건

널무덤과 독무덤

김역사 기자

무덤에 넣을 관을 찾고 계시다고요? 그렇다면 오늘 이 시간을 놓치지 마세요. 오늘 소개해 드릴 물건이 바로 철기 시대 장례 용품이랍니다. 철기 시대의 베스트셀러! 널무덤과 독무덤을 소개합니다.

철기 시대에 이르면 청동기 시대의 거대한 고인돌 같은 것은 더 이상 만들지 않았어요. 대신 흙구덩이를 파고 구덩이 안에 나무로 된 널을 댄 다음 그 안에 시신을 묻는 널무덤이나 항아리를 관으로 이용한 독무덤이 새롭게 나타났어요.

널무덤은 땅에 구덩이를 파고 넓적한 나무널로 사각형 벽을 만들어 그 안에 시신을 넣는 방법이에요. 그 위에는 흙을 둥글게 쌓아 올렸을 것이라 추측된답니다. 널무덤은 한반도 서북 지역에서 먼저 만들어지다가 남부 지역으로 퍼져 나갔는데, 특히 낙동강 유역에서 많이 발견되고 있어요. 널무덤에서는 검, 거울, 옥 등 다양한 껴묻거리도 발견되었어요.

독무덤은 큰 항아리 속에 시체를 넣어 만든 무덤이에요. 토기 하나를 사용해 묻기도 하고, 두 개를 붙여서 사용하기도 해요. 발견된 독무덤에서는 껴묻거리로 화살촉, 도끼 등이 발견되기도 한답니다. 독무덤은 우리나라 여러 곳에서 발견되고 있는데, 특히 영산강 유역에서 발견된 독무덤은 다른 지방의 것들과는 달리 독자성이 뚜렷하고 매우 뛰어난 토기 제작 기술이 없으면 만들 수 없는 대형 독무덤이랍니다.

▲ 널무덤(위)과 독무덤(아래)

3 부여 1 | 헤드라인 뉴스

생방송한국사

금와왕 신화가 전해 오는 부여

방금 들어온 소식입니다. 동부여의 왕 해부루가 길에서 아기를 발견했다고 합니다. 이 아기는 금빛이 나는 개구리를 닮았다는데요. 해부루는 이 아기를 아들로 삼을 작정이라고 밝혔습니다. 어떻게 된 일인지 김역사 기자가 전해드립니다.

> 동부여의 왕 해부루가 길에서 발견한 아기는 훗날 금와왕이 됩니다.

김역사 기자

먼저 해부루 왕께서 어떻게 길에서 아기를 발견하게 되었는지 직접 말씀해 주신다고 합니다.

해부루

나는 동부여의 왕 해부루입니다. 내게는 걱정이 하나 있었어요. 그건 제가 늙도록 뒤를 이을 아들이 없다는 것이었습니다. 그래서 나는 아들을 낳게 해 달라고 하늘에 빌었지요. 그날도 하늘에 제사를 드리고 돌아가는 길이었어요. 내가 탄 말이 곤연이라는 곳에 이르렀는데, 그 곳에 있던 큰 바위를 보고 말이 멈춰서는 것입니다. 그러고는 뚝뚝 눈물을 흘리는 것이 아니겠어요?

나는 아무래도 이상하다는 생각이 들어 사람들을 시켜 그 바위를 치웠어요. 그러자 놀랍게도 거기에는 금빛 개구리 모습을 한 아기가 있는 거예요! 그때 나는 직감적으로 알았죠. 하늘이 내게 훌륭한 아들을 주신 게 분명하다고요!

해부루는 그 아이를 데리고 와 소중하게 길렀습니다. 그리고 아이의 이름을 금빛 개구리라는 뜻의 금와(金蛙)라고 짓고, 금와가 자란 뒤에 **태자**로 삼았지요.

금빛 개구리 모습의 아이라니 언뜻 이해가 되지 않기도 하는데요. 사실 이 신비한 이야기를 통해서도 여러 가지 사실을 발견할 수 있어요.

무엇보다 이 이야기에서 해부루가 금와를 발견하여 왕위 계승자로 삼았다는 것에 주목할 필요가 있어요. 이는 곧 해부루와 금와가 피를 나눈 같은 혈통이 아니라는 것을 말해요. 즉 동부여는 서로 다른 부족들이 연합한 국가였다는 뜻이 숨어 있는 거예요. 또, 신화 속에 등장하는 개구리는 단순히 아이의 모습을 지칭하는 것이 아니라 동부여를 상징하는 신화적 동물이라고 해석할 수도 있답니다.

시간이 흘러 왕위에 오른 금와왕은 어느 날 아름다운 한 여인을 만났어요. 바로 강의 신 하백의 딸인 유화 부인이었지요. 유화 부인은 하늘 신의 아들인 해모수의 아이를 가졌는데 이 사실을 안 부모에게 쫓겨나고 말았답니다. 금와왕은 이를 안타깝게 여겨 유화 부인을 궁으로 데려왔어요. 이후 유화 부인은 알을 하나 낳았고, 이 알을 깨고 주몽이 태어났어요. 주몽은 금와왕의 다른 왕자들과 함께 자랐는데 다른 왕자들이 자신을 미워하며 죽이려 하자, 자신을 따르는 무리를 이끌고 남쪽으로 도망가 새로운 나라를 세웁니다. 이 나라가 바로 고구려랍니다.

태자
임금의 자리를 이을 임금의 아들

고구려와 백제의 뿌리
고구려는 주몽이 부여로부터 달아나 세운 나라예요. 나중에 세워진 백제도 고구려의 왕자들이 세운 것이고요. 따라서 고구려와 백제의 뿌리는 모두 부여에서 시작된다고 볼 수 있답니다.

3 부여 2 | 심층 취재

부여의 관직 명칭, 윷놀이로 이어져

명절에 가족이나 친척들과 함께 윷놀이를 해 본 적이 있으십니까? 윷놀이는 윷가락을 던져 엎어지거나 젖혀지는 결과에 따라 말을 옮겨 승부를 내는 민속놀이죠. 그런데 이 윷놀이가 부여와 관련이 있다는군요. 자세한 내용을 김역사 기자가 취재했습니다.

김역사 기자

먼저 부여에 대해 간단히 소개해 드리겠습니다.

부여는 쑹화 강을 중심으로 한 넓은 평야에 세워진 나라예요. 대부분이 추운 지역이라서 부여에서는 농사 못지않게 목축도 무척 중요하게 생각했어요. 가축을 얼마나 잘 키우는지 시합하는 풍습도 있었다고 해요.

심지어 부여는 높은 관리의 명칭에 가축 이름을 따 붙이기도 했어요. 부여의 왕 밑으로 가장 높은 벼슬을 '가(加)'라고 했는데, 여기에 동물 이름을 넣어 '마(말)가', '우(소)가', '저(돼지)가', '구(개)가'라고 한 거예요. 이 부여의 관직명을 본 떠서 만든 놀이가 **윷놀이**라는 이야기가 전해진답니다. 윷놀이의 '도, 개, 걸, 윷, 모'는 각각 '돼지, 개, 양, 소, 말'을 뜻하는 말이거든요.

부여는 나라를 다섯 개의 지역으로 나누어 왕이 중심부를 다스리고 4개의 '가'들이 각각 한 지역씩 다스리게 하였어요. 이 4개의 지역을 '사

154 Ⅵ. 초기 국가의 성립

출도'라고 해요.

부여는 여러 부족들이 합쳐서 만든 국가예요. 왕이 있었지만 힘이 약했고, 부족끼리 모여 살며 사회를 이루고 있었지요. 그래서 부족의 지도자가 여전히 힘이 강했어요. 즉 부족의 지도자인 가(加)들은 그들이 다스리는 땅에서 왕 못지않은 권력을 가지고 있었던 것이지요. 그중 '마가'의 이야기를 들어보겠습니다.

윷놀이

실제로 윷놀이는 부여의 놀이에서 유래되었다고 해요. 부여왕이 자신을 포함한 5부족에게 각각 집짐승들을 나눠 주면서 누가 잘 키우는지를 시합했다는 데서 비롯되었다는 이야기가 있지요.

마가

저희 '가(加)'들은 왕을 뽑는 것뿐만 아니라 왕이 그 역할을 제대로 못할 때에는 왕의 자리에서 내쫓는 일도 했어요. 그뿐만이 아닙니다. 만약 나라에 홍수나 가뭄 같은 자연재해가 일어나 농사가 잘 안 되거나 백성들이 힘들어질 때는 왕이 하늘을 노하게 했다 하여 왕을 갈아치우거나 죽이기도 했으니까요. 왕이라고 해서 우리가 절대적으로 복종하는 구조가 아니었단 말이지요.

부여와 같이 몇 개의 부족이 연합하여 구성한 국가를 연맹 왕국이라고 합니다. 연맹 왕국에서는 왕이 있지만 왕권이 약해 부족 사회의 모습이 유지되지요. 다음 시간에는 부여의 생활 모습에 대해 전해드리겠습니다.

3 부여 3 | 심층 취재

부여의 생활 모습

부여는 고조선에 이어 우리 역사상 두 번째로 등장한 나라입니다. 오늘은 지난 뉴스에서 예고한 것처럼 부여의 생활 모습을 전해 드리려고 하는데요. 부여 사람들의 생생한 삶의 현장을 취재하기 위해서 김역사 기자가 부여의 한 마을에 찾아갔습니다.

먼저 부여 사람들의 옷차림을 볼까요?

김역사 기자

중국의 옛 기록에 보면 부여 사람들이 흰 옷을 매우 좋아했다고 적혀 있어요. 예로부터 흰색을 **숭상**한 우리 민족을 가리켜 '백의민족(白衣民族)'이라고 부르곤 했는데요. 부여 때부터 이미 흰 옷을 좋아했던 모양입니다.

부여의 생활 모습 중 눈여겨보아야 할 것은 **장례** 풍습입니다. 부여에는 '순장(殉葬)'이라는 풍습이 있었어요. 순장은 지배자가 죽으면 그가 거느리고 있던 노비나 신하를 죽은 사람과 함께 무덤에 묻는 것을 말해요. 아마도 부여 사람들은 죽은 후에도 또 다른 삶이 이어진다고 믿었던 것 같아요. 그래서 지배자가 죽은 뒤의 세상에서도 편하게 살 수 있도록 거느리던 사람들을 함께 묻은 것이죠.

부여의 법률은 고조선과 마찬가지로 매우 엄격했어요. 전해져 오는 법의 내용 중 몇 가지를 살펴볼까요?

> 사람을 죽인 자는 죽이고 그 가족은 노비로 삼는다.
> 도둑질한 자는 12배를 물어주도록 한다.

죄를 지으면 죄를 지은 사람뿐만 아니라 그 가족들까지도 벌을 준다니 무시무시하지요? 노비로 삼는다는 것을 통해 부여에도 신분 제도가 있었다는 것을 알 수 있어요. 도둑질한 자에게 12배나 배상하도록 하는 것을 1책 12법이라고 하는데요. 이렇게 엄하게 벌을 주는 것으로 보아 개인의 재산을 매우 중요하게 생각했다는 것도 알 수 있어요.

부여에서는 추수를 마친 12월에 하늘에 제사를 지내는 **제천 행사**를 열었어요. 이를 '영고'라고 합니다. 이때에는 온 나라의 백성이 동네마다 한데 모여서 하늘에 제사를 지내고, 며칠 동안 노래하고 춤추며 즐겼지요. 또한 죄가 가벼운 죄수를 풀어 주기도 하였어요.

한편, 부여에는 '형사취수제'라는 독특한 결혼 풍습이 있었어요. 형이 죽으면 그 동생이 형을 대신해 형의 아내와 부부 생활을 계속하는 혼인 풍습이에요. 당시에는 정복 전쟁이 자주 일어나면서 전쟁에서 죽는 남자들이 많았거든요. 그래서 죽은 남자의 재산과 자식이 집안에서 떨어져 나가지 않도록 막기 위해 나타난 풍습인 것으로 보여요.

부여 사람들은 노래 부르는 것을 매우 좋아하는 낙천적인 성격이었다고 해요. 어쩐지 노래방에서 노래 부르는 것을 좋아하는 오늘날 우리의 모습과 비슷하지 않은가요? 지금까지 김역사 기자였습니다.

숭상
높여 소중히 여김

장례
죽은 사람을 땅에 묻거나 화장하는 일. 또는 그런 의식

제천 행사
제천 행사는 하늘에 제사를 지내는 것을 말해요. 농사가 잘되려면 적절한 비와 햇빛이 필요하지요. 그래서 하늘을 신으로 섬기며 풍년을 기원하고, 한 해 농사에 대한 고마움을 표시한 것이에요.

강요된 죽음, 순장

옛날에는 신분이 높은 사람이 죽으면 그가 거느리고 있던 노비나 신하들을 무덤에 같이 묻는 풍습이 있었답니다. 이것을 순장이라고 해요. 부여에서는 왕이 죽었을 때 100명이 넘는 사람들이 산 채로 왕과 함께 묻힌 일도 있었다고 해요. 살아 있는 채로 죽음을 맞이해야 하다니 정말 무서운 일이지요.

지금도 그렇듯이 옛날에도 사람들은 죽음에 대해 두려워하면서도 궁금해했어요. 여러 사람들의 죽음을 지켜보면서 사람들은 죽음이 끝은 아닐 것이라 믿고 싶어졌던 모양이에요. 죽은 이후에도 지금과 같은 삶이 계속 이어질 것이라는 믿음이 생겨났거든요.

특히 강력한 권력을 가진 이들은 더했어요. 그들은 죽고 나서도 지금 가지고 있는 모든 것들을 누리기를 원했지요. 그래서 자신이 데리고 있던 노비나 신하들을 함께 묻으면 그들과 같이 새로운 세상으로 간다고 생각한 것 같아요. 죽어서도 그들이 자신의 시중을 들어주고 보필해 줄 것이라 믿은 거지요.

이러한 순장은 부여에서만 나타나는 풍습은 아니에요. 순장은 계급이 발생하여 지배자가 나타난 이후 전 세계에 걸쳐 나타나는 장례 풍습의 하나예요. 사람들은 대체로 죽음에 대해서 비슷한 생각을 했던 것 같아요. 수메르 문명 같은 고대 서아시아 지역과 이집트, 중국의 상(商) 왕조에서도 순장 풍습이 발견되었거든요.

순장은 자신이 원해서 하는 경우도 있었어요. 고구려에서는 왕이 죽었을 때 여러 사람들이 그 죽음을 슬퍼하며 왕과 함께 묻히고자 했다는 기록이 있거든요. 그래서 왕의 아들이 이를 금지할 정도였다고 해요.

하지만 대부분 순장은 문화적 풍습에 의해 강제적으로 이루어진 것으로 보여요. 왕의 경우 신하가, 귀족의 경우 노비가 주로 순장당하는 대상이었어요. 그뿐만 아니라 남편이 죽으면 아내가 순장되는 경우도 많았어요. 아내는 남편을 따라야 하는 존재라는 생각이 커서 남편의 뒤를 따라야 한다고 생각한 거예요. 당시 사회가 얼마나 남성 중심적이었는지 드러나는 부분이지요.

무덤에는 사람만 함께 묻었던 것이 아니에요. 껴묻거리도 있어요. 껴묻거리란 죽은 사람과 함께 묻는 물건이나 귀중품 등을 말해요. 다음 세계에 가서도 죽은 사람이 평소 사용하던 물건을 그대로 사용하라는 뜻으로 묻은 것이지요.

시간이 지나면서 순장은 점차 폐지되었어요. 우리나라의 경우 삼국 시대 말기부터는 순장의 흔적이 나타나지 않거든요. 순장이 폐지된 것에는 노동력이 줄어드는 것을 막고자 하는 이유도 있었을 거예요. 산 사람을 죽이면 그만큼 노동력이 줄어드니까요. 노동력이 부족하면 다른 나라와의 경쟁에서도 뒤처지게 되지요.

또한 불교가 전래되면서 죽음 이후의 세계에 대한 인식이 달라진 영향도 있어요. 불교에서는 사람이 지금의 모습으로 다음의 세계에 가는 것이 아니라, 새로운 모습으로 다시 태어나는 것이라고 가르치거든요. 순장이 폐지된 이후엔 진짜 사람 대신 인형을 넣어 주었다고 해요.

이처럼 순장은 죽음에 대한 당시 사람들의 생각이 반영된 장례 풍습이에요. 단지 부여 사람들이 무식하고 잔인한 성격이어서 산 사람을 마구잡이로 무덤에 같이 묻었던 것은 아니랍니다.

4 고구려 1 | 헤드라인 뉴스

부여계의 유이민이 세운 나라, 고구려

부여의 남쪽에 새로운 나라가 세워졌다는 소식입니다. 새 나라의 이름은 고구려라고 하는데요. 고구려를 세운 고주몽은 부여 출신이라고 합니다. 이것이 어떻게 된 일이며, 고구려는 어떤 나라인지 전해 드립니다. 현장에 나가 있는 김역사 기자를 불러 보겠습니다.

고구려를 세운 사람은 부여 출신의 주몽입니다.

김역사 기자

고구려는 부여의 **유이민**들에 의해 건국된 나라로, 부여에서 갈라져 나온 나라라고 할 수 있습니다.

초기 고구려는 부여와 마찬가지로 5부족이 힘을 합쳐 만든 연맹체였습니다. 고구려를 세운 주몽도 부족의 지도자 중 한 명이었고, 그가 이끄는 부족이 가장 강했기 때문에 왕이 된 것이라 볼 수 있어요.

고구려 역시 부여처럼 부족의 대표가 각 부족을 다스렸군요?

그렇습니다. 이 부족의 대표들을 '대가'라고 불렀습니다. 대가들은 왕과 같은 권력을 누렸지요. 이들은 모여서 회의도 했는데, 이 회의를 '제가 회의'라고 합니다. 고구려의 귀족 회의라고 생각하시면 됩니다.

제가 회의에서는 주로 어떤 내용을 논의했나요?

 제가 회의에서는 나라의 중요한 일을 결정했어요. 다른 나라와의 전쟁에 대한 일이나 앞으로의 정복 활동에 대한 일을 논의하고 결정했지요. 또, 부족 대표들이 왕권을 견제하기 위해 회의를 할 때도 있었고, 때로는 왕위 계승을 논의하기도 했어요. 제가 회의는 668년 고구려가 멸망할 때까지 계속 유지되었답니다.

제가 회의에서 전쟁을 논의했다니 고구려에서는 전쟁이 잦았나요?

 고구려가 처음 시작된 곳은 졸본이라는 곳으로 산간 지대인 데다가 농사를 짓기에 **척박**한 땅이었습니다. 따라서 고구려는 식량을 얻고 기름진 땅을 얻기 위해서 다른 나라와 전쟁을 할 수밖에 없었던 것이죠. 그렇기 때문에 고구려에서는 백성들이 **무예**를 기르는 것을 매우 중요하게 생각했고, 실제로 고구려 사람들은 말타기와 활쏘기를 아주 잘했다고 해요. 이에 대한 내용은 다음 뉴스에서 계속 전해 드리겠습니다.

유이민
다른 지역에서 이주해 온 사람들

척박
땅이 기름지지 못하고 몹시 메마름

무예
무술에 관한 재주

◀ 무용총 수렵도 | 말을 타고 활을 쏘며 사냥을 하는 고구려인을 나타냈어요.

4 고구려 2 | 심층 취재

생방송한국사

고구려 사람들의 이모저모

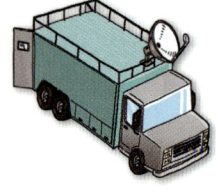

오늘 고구려는 일 년 중 가장 들떠 있습니다. 풍요를 기원하며 하늘에 제사를 지내는 날이기 때문입니다. 이는 고구려에서 전해 오는 풍습인데요. 이외에 고구려에는 또 어떤 풍습이 있는지 고구려의 생활 모습에 대하여 김역사 기자가 자세히 전해 드립니다.

고구려 사람들의 생활 모습을 전해 드리겠습니다.

김역사 기자

고구려는 산간 지역에 자리 잡았기 때문에 농경에 불리하여 일찍부터 정복 전쟁으로 성장하였어요. 그래서 고구려 사람들은 어려서부터 말을 타고 활을 쏘는 것을 연습했다고 해요. 고구려에서는 활을 잘 쏘는 사람을 '주몽'이라고 했어요. 고구려를 세운 주몽도 활을 잘 쏜다고 해서 붙여진 이름이지요. 고구려에서는 매년 사냥 대회도 열렸답니다. 또, 고구려 사람들은 수박희라는 손과 발을 쓰는 무예도 즐겼어요. 수박희는 오늘날의 태권도 같은 것이라고 생각하면 됩니다.

이렇게 평소에 신체를 단련하고 운동을 즐기는 고구려의 무예 문화는 고구려가 수많은 전쟁에서 승리할 수 있었던 원동력이 되었답니다.

한편, 고구려에는 독특한 결혼 풍습이 있었는데요. 결혼 오 년 차인 박신랑 씨의 이야기를 들어 보겠습니다.

안녕하세요. 예쁜 아내와 아들을 두고 있는 박신랑입니다. 저는 결혼한 지 오 년이 되었지만 계속 신부의 집에서 살고 있어요. 아이가 다 커야 우리 집으로 돌아갈 수 있을 텐데. 그날이 언제 올 지 까마득하네요. 하루에도 몇 번씩 엄마가 보고 싶답니다.

박신랑

고구려에서는 결혼을 하면 남자가 여자의 집에 가서 살았어요. 여자의 집 뒤에 '서옥'이라는 작은 집을 짓고 살았다고 해서 '서옥제' 또는 '데릴사위제'라고 부르기도 합니다. 이것은 노동력을 중시하여 생긴 문화라고 볼 수 있어요. 신부 집에서는 딸을 결혼시키면 노동력이 줄어들게 되잖아요? 그래서 결혼 후 신랑이 신부 집에서 일을 해 주며 살다가 자식이 태어나 다 크면 신랑 집으로 돌아가는 것이지요.

이제 오늘 뉴스의 하이라이트, 고구려의 제천 행사에 대한 소식입니다. 고구려에서는 매년 10월 '동맹'이라는 제천 행사를 열었어요. 하늘에 대한 제사는 **국동대혈**에서 지냈다고 해요. 왕은 해마다 10월이면 신하를 거느리고 이곳에 와서 고구려의 시조인 주몽과 그의 어머니 유화 부인에게 제사를 지냈답니다. 또, 동맹은 한 해 농사를 마치고 난 뒤 치르는 추수 감사제이기도 했어요.

고구려의 형사취수제

고구려에서도 부여와 마찬가지로 형사취수제가 있었어요. 형이 죽으면 동생이 형의 부인을 아내로 삼는 것이지요. 이를 통해 동생은 형의 재산을 관리할 권한을 얻고 가장을 잃은 형수와 조카들을 돌보아 준 것이지요.

국동대혈

국동대혈은 고구려의 수도인 국내성 동쪽으로 떨어진 높은 산 중턱에 자리 잡은 동굴이에요. 남쪽 출구에 서면 골짜기 사이로 압록강이 살짝 보이는데, 이곳에서 고구려 사람들이 하늘에 대한 제사를 지낸 것으로 짐작되어요.

▶ 국동대혈

고구려 데릴사위 박신랑 씨의 하루

고구려에서는 결혼을 하면 신랑이 신부의 집에 가서 사는 풍습이 있었어요. 결혼을 하기로 결정이 나면 신부의 집에서는 본채 뒤에 작은 별채를 지어요. 이곳을 사위의 집이라고 해서 '서옥'이라고 합니다. 결혼 후 이 서옥에서 신랑과 신부가 살게 된답니다. 고구려의 이러한 혼인 풍습을 '서옥제' 또는 처가에서 데리고 사는 사위라고 해서 '데릴사위제'라고 부르지요.

결혼 오 년 차인 박신랑 씨도 신부의 집에 있는 서옥에 살고 있어요. 아침부터 장인 어른이 박신랑 씨를 부릅니다.

"여보게, 박서방. 얼른 나오게. 오늘은 밭을 갈아야 한다네."

박신랑 씨는 서둘러 밥을 먹고 나갈 채비를 했어요. 오늘도 할 일이 많았어요. 아침에는 밭을 갈고, 오후에는 지붕을 수리해야 해요. 며칠 전부터 지붕에서 비가 샌다고 장모님께서 말씀하셨거든요.

"자네가 없었으면 어쩔 뻔 했는가? 고맙네."

장인어른의 말씀에 박신랑 씨는 멋쩍게 웃었지요.

고구려에 이런 결혼 제도가 있는 이유는 노동력을 중요하게 생각하기 때문이에요. 결혼을 할 정도로 성장하면 여자든 남자든 집안의 노동력으로 경제적 가치를 갖지요. 그런데 여자가 덜컥 결혼을 해서 남자의 집으로 가 버리면 여자의 집에서는 그만큼 노동력이 줄어드는 거예요. 그래서 남자는 그러한 손실의 대가로 일정 기간 동안 여자의 집에 가서 일을 해 주며 노동력을 제공하는 것이지요.

박신랑 씨는 일을 마치고 점심을 먹으러 집으로 돌아왔어요. 아내는 점심상을 내려놓으며 말했어요.

"여보, 어머니가 점심 먹고 나서 쌀가마니 좀 옮겨 달라고 하셔요."

"그래, 그렇게 하지요."

"참, 여보! 제 동생이 곧 결혼을 하잖아요? 그래서 우리 집 옆에 서옥을 하나 더 지을 거래요."

"그래요? 나에게도 동지가 생기겠군."

결혼한 지 오 년이 되었지만 박신랑 씨는 아직도 아내의 집에서 사는 것이 마냥 편하지는 않았어요. 그런데 사위가 한 명 더 들어오게 된다면 자신의 처지를 잘 이해해 주는 친구가 생길 것 같아 기분이 좋아졌답니다.

점심을 먹고 본채로 가려는데 박신랑 씨의 아들이 마당에서 놀고 있었어요. 아들은 박신랑 씨를 보고 웃었지요. 박신랑 씨는 순간 고향에 계신 아버지와 어머니가 보고 싶었어요. 부모님께서 이렇게 예쁘게 크고 있는 박신랑 씨의 아들을 보면 얼마나 기뻐하실까요? 박신랑 씨도 하루빨리 자신의 집에 가서 살고 싶었어요.

하지만 박신랑 씨가 돌아가려면 아들이 다 커서 어른이 되어야 한답니다. 첫아이가 커서 어른이 될 때까지 신부의 집에서 사는 것이 고구려의 풍습이거든요.

하지만 벌써 오 년이나 지났듯 저 아이도 금방 커서 어른이 되겠지요? 박신랑 씨는 때론 처가살이가 힘들지만 예쁜 아내와 아이를 얻었으니 괜찮다고 생각하며 힘을 내었어요.

5 옥저 | 심층 취재

여러 사람의 뼈가 함께 묻혀 있는 무덤이 발견되었다고 합니다. 학자들은 가족 공동 무덤일 것이라고 추정하고 있습니다. 한 가족이 한 무덤에 묻힌 것이지요. 이것은 옥저의 풍습이라고 하는데요. 자세한 것은 김역사 기자를 통해 알아보겠습니다.

가족 공동 무덤은 옥저의 장례 풍습입니다.

김역사 기자

옥저는 기원전 2세기 이전부터 기원후 5세기까지 함경 남도 북부에서 두만강 유역 일대에 자리 잡은 고대 국가입니다. 부여, 고구려가 성장하던 시기와 비슷한 시기에 존재했다고 생각하면 되겠습니다.

옥저에는 독특한 장례 풍습이 있었습니다. 바로 가족 공동 무덤인데요. 어떻게 가족이 같은 무덤에 묻힐 수 있는 것일까요? 사람이 죽으면 임시로 얕게 묻습니다. 시간이 지나면 시신이 썩겠지요? 그러면 뼈만 잘 추려서 가족 공동 무덤인 나무곽에 넣는 거예요. 그 안에는 이미 오래 전에 죽은 가족들의 뼈가 있어요. 그렇게 나무곽에 넣은 뒤 다시 땅에 묻습니다. 이렇게 하면 온 가족이 함께 묻히는 셈이 되지요.

정말 특이하네요. 가족 공동 무덤을 만든 이유가 무엇이었을까요?

 아마도 죽은 이후의 삶을 믿는 **내세** 사상 때문이라고 추측됩니다. 죽은 이후의 세상에서도 가족들과 함께 하고 싶은 바람이 담긴 것이죠. 한편, 가족 공동 무덤 앞에는 쌀을 담아 놓았던 항아리도 발견되었는데요. 죽은 가족들이 그곳에서 배가 고프지 않기를 바랐던 것 같습니다.

내세
죽은 뒤에 다시 태어나 산다는 미래의 세상

특산품
어떤 지역에서 특별히 생산되는 물품

어물
생선 또는 생선을 가공하여 말린 것

그렇군요. 이야기를 듣다 보니 옥저에 대해 궁금해지는데요.

 옥저는 부여나 고구려에 비하면 작은 규모의 나라였어요. 하지만 옥저는 땅이 기름지고 해안가에 위치해 소금이나 해산물이 풍부했어요. 농사와 어업이 중심인 나라였지요.

그럼 나라가 꽤 부유했겠는데요?

 안타깝게도 그렇지 못했습니다. 이웃 나라인 고구려가 시시때때로 옥저를 위협했거든요. 그래서 옥저는 고구려에 **특산품**을 바쳐야 했답니다. 지리적으로도 중국과 멀리 떨어져 있어 중국으로부터 새로운 문물을 받아들이기 어려웠고요.

옥저에서 생산되는 특산품에는 어떤 것이 있었나요?

 옥저는 해안가에 위치했기 때문에 **어물**이나 소금이 유명했고, 삼베도 생산되었어요. 이런 특산품들은 고구려에 바쳐야 했지요. 당시 옥저는 고구려의 지배를 받았거든요. 동시에 옥저는 고구려로부터 많은 영향을 받기도 했어요. 그래서 말이나 음식, 옷차림이나 풍습,

집의 모양 등이 고구려와 비슷했다고 해요.

그런데 옥저는 왜 고구려의 지배를 받았나요?

옥저는 군장들이 자신의 부족을 지배하는 부족 국가였어요. 이렇게 부족을 다스리는 사람들을 '읍군' 또는 '삼로'라고 불렀어요. 아예 왕이 없는 체제였던 거죠. 강력한 왕이 없었기 때문에 옥저는 초기부터 주변 나라들의 지배를 받아 왔습니다. 그러다가 결국 옥저는 고구려에 흡수되고 말았지요.

전체적으로 나라를 이끄는 왕이 없었던 것이군요. 마지막으로 옥저에 대해 또 알려 주실 것이 있나요?

옥저의 풍습 중 흥미로운 것이 있어 소개해 드리겠습니다. 앞서 고구려의 결혼 풍습으로 사위가 신부 집에 가서 사는 서옥제를 소개했는데요. 옥저에서는 반대로 며느리가 될 사람이 신랑의 집에 가서 살았습니다. 그것도 아주 어렸을 때부터 말이죠. 그러다가 신부가 다 크면 자신의 집으로 돌아갈 수 있었어요. 그러면 신랑이 값을 치르고 신부를 데려왔다고 하네요. 이것을 '민며느리제'라고 합니다. 서옥제나 민며느리제는 실제 모습은 서로 다르지만 모두 고대 사회에서 노동력을 중시했음을 알려주는 풍습으로 볼 수 있어요.

옥저에 대해서는 남아 있는 기록이 많지 않습니다. 그러나 몇 가지 특징을 통해서 옥저의 사회 모습을 엿볼 수 있었습니다.

옥저의 색시가 전해 주는 민며느리제

내 이름은 김이쁜. 올해 열여덟 살이다. 이제 내일이면 나는 정식으로 혼례를 치르게 된다. 지금으로부터 십 년 전, 여덟 살이던 나는 내일 결혼을 하게 될 남자의 집으로 가게 되었다. 우리 옥저에서는 정식으로 결혼이 결정되면 신부가 어렸을 때부터 신랑의 집에 가서 사는 풍습이 있었다. 그리고 신부가 성인이 되면 다시 자신의 집으로 돌아온다. 그러면 신랑이 와서 신부의 값을 치르고 혼례를 올리게 된다. 신랑이 신부의 집에 재물을 주어야 혼인이 되기 때문에 일종의 매매혼(賣買婚)이다. 이를 민며느리제라고 하는데, '민며느리'는 '미리 며느리를 삼는다.'는 뜻이라고 한다.

　겨우 여덟 살이었던 나는 아무것도 모른 채 그저 어른들이 시키는 대로 할 수밖에 없었다. 시집의 어른들은 나를 따뜻하게 대해 주었지만 모든 것이 낯선 곳에서 혼자 적응하는 일이 쉽지 않았다. 매일 빨래하고 밥하고 물을 긷고⋯. 처음 한 달 동안은 엄마가 보고 싶어서 밤마다 울며 잠들었다. 하지만 노동력이 중요한 사회에서 노동력을 사는 결혼 풍습이라는 것을 깨닫고 이해하게 되었다.

　먼 훗날, 조선이라는 나라에서도 가정 형편이 어려운 집의 여자아이를 데려다가 어릴 때부터 길러 15~16세가 되면 결혼하는 풍습이 있었다고 하는데 이것이 우리 옥저의 민며느리제에서 온 것은 아닐까 하는 생각도 든다. 이런 저런 생각을 하다보니 벌써 동이 트려한다. 혼례를 잘 치르려면 이제 조금이라도 자 둬야겠다.

6 동예 | 심층 취재

생방송한국사

동해안 지역에 자리 잡은 동예

동예에서 온 특산품인 활과 말이 큰 인기라고 합니다. 요즘 시장에는 온통 동예 물품을 찾는 사람들로 가득한데요. 이런 특산품을 수출하는 동예는 도대체 어떤 나라일까요? 김역사 기자가 자세히 전해 드립니다.

동예는 '동쪽의 예족'이라는 뜻에서 이름이 유래되었어요.

김역사 기자

동예는 오늘날의 강원도 북부 지방에 위치하고 있어요. 동예는 땅도 비옥하고 해안가와 가까워 해산물도 많이 나는 곳이었기 때문에 농사와 어업이 잘 되었어요. 그래서 백성들의 생활이 풍요로운 편이었지요.

옥저와 마찬가지로 동예 역시 왕이 없고 군장들이 각 부족을 다스렸어요. 강력한 왕이 없었던 동예도 고구려의 심한 간섭을 받았고, 때마다 특산품을 고구려에 바쳐야 했어요.

동예의 특산품이 굉장한 인기라면서요?

동예의 특산품은 중국에까지 소문이 자자할 정도예요. 그만큼 품질이 우수했거든요. 어떤 것들이 있는지 함께 볼까요?

먼저 삼베와 단궁입니다. 삼베는 옷을 만들어 입을 수 있는 옷감이에요. 이를 통해 동예에서 **방직** 기술이 발달하였다는 것을 알 수 있어요. 단궁은 박달나무로 만든 활인데요. 크기는 작지만 힘이 좋아서 화살이 멀리까지 날아가는 것으로 유명했답니다. 또, 과하마라고 부르는 동예의 말도 인기였어요. 과하마는 '과일나무 아래를 지날 정도로 작은 말'이라는 뜻인데 크기는 작아도 매우 튼튼했거든요. 그 외에 반어피도 유명했습니다. 반어피는 바다표범의 가죽을 말해요.

앞서 살펴본 고구려에는 서옥제, 옥저에는 민며느리제라는 독특한 결혼 풍습이 있었는데 동예는 어떤가요?

동예에는 **족외혼**이라는 풍습이 있었어요. 족외혼은 조상이 같은 씨족끼리는 결혼을 하지 않는 거예요. 같은 씨족끼리 결혼을 하면 기형아나 돌연변이가 태어날 가능성이 높거든요. 아마도 동예의 사람들은 그런 것을 알고 있었던 것이 아닐까 생각됩니다. 이 밖에도 동예에서는 **금기**시하는 것들이 많았어요.

어떤 것들이 있나요?

대표적인 것으로는 **책화**를 꼽을 수 있어요. 동예는 산과 강을 매우 중요하게 생각하여 이것을 경계로 각 부족들이 사는 땅이 결정되었지요. 만약 다른 부족이 이 경계를 무시하고 다른 부족의 땅에 들어가게 된다면 노비나 소, 말 같은 것으로 대가를 치르도록 하였지요. 이것을 책화라고 합니다.

다른 부족의 땅에 좀 들어가는 것이 뭐 그리 큰 일이냐고 생각할 수도

방직
실을 뽑아서 천을 짬

족외혼
같은 씨족·종족·계급 안에서의 혼인을 금하고 다른 집단에서 배우자를 구하는 혼인

금기
마음에 꺼려서 하지 않거나 피함

책화
죄를 꾸짖는다는 뜻으로, 다른 부족의 영역에 침범한 사람에게 그 죄를 물어 보상하게 하는 동예의 풍습이에요.

동예의 금기

아픈 사람이나 죽은 사람이 발생하면 살던 집을 불태우고 새 집을 짓는 풍습이 있었어요. 아마도 불행을 미리 피하고자 하는 동예 사람들의 바람이 담겨져 있었던 것으로 추측됩니다.

있겠는데요. 고대 사회에서 산과 강은 나무, 사냥감, 열매, 낚싯감 등을 얻을 수 있는 귀중한 곳이었어요. 따라서 이런 곳을 잘 유지하는 것은 그 공동체의 생존과 밀접한 관련이 있다고 볼 수 있죠.

마지막으로 동예의 행사에 대해서 설명 부탁드립니다.

 동예에서는 해마다 10월에 무천이라는 제천 행사를 열었어요. 무천은 춤으로 제사를 지낸다는 뜻이죠. 이때에는 모든 사람들이 모여 밤낮으로 춤을 추고 노래를 부르며 즐겼다고 해요.

부여의 영고, 고구려의 동맹과 같은 제천 행사가 동예에도 있었군요. 지금까지 동예에 대해 알아보는 시간이었습니다.

 스페셜뉴스 인물 인터뷰

족외혼이란 무엇일까?

안녕하세요. 오늘은 김결혼 씨를 모시고 족외혼에 대해 들어 보는 시간을 갖겠습니다. 먼저 족외혼에 대해 설명해 주시겠어요?

김결혼

족외혼은 같은 씨족이 아닌 다른 씨족과 혼인하는 풍습을 말해요. 씨족 사회의 전통을 계승한 것으로 동예에서 나타나는 풍습이지요. 하지만 동예 이전에도 족외혼은 행해졌어요.

족외혼의 장점은 무엇인가요?

예전에는 같은 씨족끼리 부족을 이루어 살았어요. 그런데 족외혼에 따라 다른 부족과 혼인을 하면 그 두 부족은 가까운 관계가 될 수 있었어요. 그래서 전쟁 없이 사이좋게 지내며 평화가 유지되었던 것이지요.

그런 이유에서 족외혼을 했던 거군요. 하지만 이후에도 세계적으로 족외혼이 많이 이루어지고 있는데요. 꼭 그러한 이유로 족외혼을 하고 있지는 않아요.

그렇습니다. 이전에는 왕조에서 자신들의 혈통을 유지시키기 위해 가족끼리 결혼을 하는 근친혼이 성행하기도 했습니다. 하지만 이러한 근친혼은 많은 문제를 가지고 있는데요. 일난 가족끼리는 유사한 유전자를 가지고 있기 때문에 이러한 유전자들이 조합되면 돌연변이나 선천적 장애를 가진 아이가 태어날 확률이 높아집니다. 반복될수록 이러한 확률은 더 높아져요. 그러다보니 시간이 지나면서 족외혼이 보편적으로 자리 잡게 된 것이지요.

그렇군요. 도움 말씀 해 주신 김결혼 씨 감사합니다.

7 삼한 1 | 헤드라인 뉴스

생방송 한국사

한반도 남쪽의 작은 나라들

오늘은 삼한의 대표자를 뽑는 날입니다. 한반도 남쪽의 마한, 진한, 변한을 일컬어 삼한이라고 하는데요. 이 나라들이 모여 대표자를 뽑는 까닭은 무엇일까요? 또한, 삼한은 어떤 나라인지 김역사 기자가 취재했습니다. 김역사 기자, 전해 주시죠.

삼한은 한반도의 남쪽 지역에 위치하고 있습니다.

김역사 기자

고조선이 멸망할 무렵, 한반도 북쪽 지방에서는 부여, 고구려, 옥저, 동예 등의 나라들이 생겨나 발전하였어요. 비슷한 시기에 한반도 남쪽에서도 많은 나라들이 생겨나고 있었어요. 그 수가 무려 80여 개에 달했다고 해요. 남쪽은 따뜻한 기후와 비옥한 평야 등 지리적 조건이 우수하여 사람들이 살기 좋은 땅이었거든요.

또, 고조선이 멸망하자 한의 지배를 받기 거부했던 고조선의 많은 백성들이 남쪽으로 내려오기도 했지요. 그 이전에는 위만에게 왕위를 빼앗겼던 준왕이 사람들을 이끌고 남쪽으로 왔고요. 이들의 이동으로 고조선의 우수한 철기 문화가 남쪽 지방에도 널리 퍼져 남쪽의 나라들에서 철기 문화가 더욱 발전할 수 있었습니다.

이후 이 지역의 나라들은 서로 힘을 합쳐 세 개의 커다란 나라를 만들었습니다. 이것이 '마한', '진한', '변한'입니다. 이처럼 마한, 진한, 변한은 각각 한 나라의 이름이 아니라 여러 개의 작은 나라들을 묶어 가리키는 말이고, 이들을 아울러 삼한이라고 하는 거예요. 잊지 마세요!

마한은 50여 개의 작은 국가들이 모여 이루어졌어요. 마한은 한강 근처의 백제국을 중심으로 지금의 경기도, 충청 남도, 전라도 지역에 위치하고 있지요. 마한은 삼한 가운데서 가장 규모도 크고 세력도 강했어요. 마한에서 가장 강한 나라는 목지국이었는데, 삼한을 이끄는 대표가 바로 이 목지국에서 가장 많이 뽑혔지요. 후에 백제국이 목지국을 **병합**하여 백제가 뿌리를 내리게 된답니다.

▲ 철기 시대 여러 나라의 성장

병합
둘 이상의 기구나 단체, 나라 따위가 하나로 합쳐짐

진한은 낙동강 동쪽에 있었던 나라들을 말합니다. 진한은 사로국을 중심으로 발전하여 훗날 신라가 된답니다.

변한은 낙동강 서쪽에 있던 나라들을 말합니다. 변한은 훗날 구야국을 중심으로 가야가 되지요. 경상도 쪽에 위치한 변한에서는 철이 많이 생산되었어요. 마한이나 한의 군현, 왜 등지에서 변한의 철을 사 갈만큼 인기가 있었다고 해요.

이러한 삼한 사회는 어떤 특징을 가지고 있었을까요? 이 내용은 다음 뉴스 시간에 이어서 전해 드리도록 하겠습니다.

7 삼한 2 | 인물 초대석

생방송한국사

삼한, 정치와 제사가 분리된 사회

삼한에서도 하늘에 제사를 지내는 종교적 의식이 있었는데요. 이를 행하는 종교 지도자를 천군이라고 합니다. 오늘은 삼한의 천군을 모시고 삼한 사회의 특징에 대해 이야기를 나누어 보겠습니다. 안녕하세요, 천군님. 삼한 사회의 가장 대표적인 특징은 무엇인가요?

천군

삼한은 제정 분리 사회였습니다. 제정 분리란 제사와 정치를 하는 우두머리가 각각 나뉘어 있는 것을 말합니다. 고대의 많은 국가들에서는 정치적 지배자인 왕이 제사장의 역할도 맡았는데, 이러한 사회를 제정일치 사회라고 하지요. 그에 반해 삼한은 제사와 정치가 분리된 사회였다는 것이 가장 큰 특징이라고 할 수 있어요.

그렇군요. 그럼 삼한의 정치에 대해 먼저 설명해 주시겠습니까?

삼한은 작은 나라들이 연맹체를 이루고 있었는데, 이 작은 나라를 다스리는 지도자인 군장을 신지, 읍차 등으로 불렀어요. 신지는 비교적 넓은 영역을 다스리는 지도자를 말하고 읍차는 그보다 작은 영역을 다스렸지요. 삼한은 신지와 읍차들이 정치를 이끌어 가는 사회였어요. 그중 마한의 소국인 목지국의 군장이 왕으로 추대되어 삼한을 대표하였지요.

그렇다면 천군의 역할은 무엇인가요?

 사람들은 종교 지도자인 천군이 신과 일반 사람을 이어주는 역할을 한다고 생각했어요. 많은 사람들이 신이란 존재를 공경하면서도 두려워했기 때문에 천군인 저의 위치는 상당히 높았지요. 천군은 소도라는 지역을 다스리며 종교적인 일을 담당했어요. 나라의 큰 제사를 치르는 것도 모두 천군의 역할이랍니다.

소도라는 지역이 무엇인지 좀 더 자세하게 설명해 주시겠어요?

 소도는 굉장히 신성하면서 독립적인 지역입니다. 소도는 오직 제사장인 천군의 **관할**이에요. 이 땅만큼은 왕의 지배권에서 벗어난다고 봐야 합니다. 왕이라고 해도 이곳에 대해서는 간섭을 할 수 없었지요. 만약 죄인이 소도 안으로 달아나면 그 안으로 들어와 죄인을 잡아 갈 수 없었답니다. 천군의 허락이 있어야만 들어와 그 죄인을 잡아갈 수 있었던 거지요.

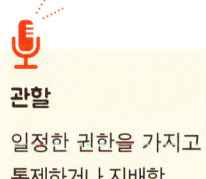
관할
일정한 권한을 가지고 통제하거나 지배함

죄인이 들어가도 천군의 허락 없이는 잡을 수 없을 정도로 소도는 독립적인 지역이었군요. 이것은 삼한이 제정분리 사회였기 때문에 가능한 일이었습니다. 이상 천군과의 인터뷰를 마치겠습니다.

7 삼한 3 | 헤드라인 뉴스

삼한, 농업이 발달하다

오늘 삼한의 한 마을에서는 아침부터 온 동네 사람들이 모여 몹시 분주하다고 합니다. 이들은 마을 저수지를 만들기 위해 모였다고 하는데요. 그들은 왜 저수지를 만드는 걸까요? 김역사 기자가 그 현장에 나가 있습니다.

김역사 기자

한반도 남쪽에 자리 잡은 삼한은 기후가 따뜻하고 기름진 땅이 넓게 펼쳐져 있었어요. 덕분에 농사가 잘되었지요. 그중에서도 벼농사가 굉장히 잘되었답니다.

농사를 짓기 위해서는 많은 물이 필요합니다. 특히나 벼농사에는 더 많은 물이 필요해요. 우리나라는 다른 계절에 비해 여름철에 비가 많이 내리는 반면 비가 많이 오지 않는 계절도 있어요. 이러한 차이를 극복하기 위해 일찍부터 사람들은 저수지를 만들었답니다. 비가 많이 올 때 물을 저장해 두었다가 물이 필요한 순간에 쓰기 위해서이죠.

마을 사람들이 이렇게 힘을 합쳐 일하다 보면 사이도 더 좋아지고 농사짓는 데 서로 도움을 주었겠지요? 김농민 씨의 이야기를 들어 보겠습니다.

▲ 의림지(충북 제천) | 삼한 시대에 만들어졌어요.

▲ 벽골제(전북 김제) | 백제 때 만들어진 우리나라 최대의 고대 저수지예요.

김농민

사실 농사를 짓는 데는 많은 노동력이 필요하기 때문에 혼자 농사를 짓는 것은 힘들어요. 그래서 마을마다 **두레**를 만들었어요. 농사일을 서로 도와서 같이 하는 조직이지요. 이를 통해 사람들과 함께 씨도 뿌리고, 밭도 매었어요. 오늘처럼 이렇게 저수지를 같이 만드는 건 물론이고요. 그뿐만 아니라 변한 지역에서는 우수한 철이 풍부해요. 이 철로 만든 철제 농기구를 사용하면서 농사의 효율성이 크게 높아졌어요.

삼한의 농업이 얼마나 발달되었는지를 보여주는 예가 또 하나 있는데요. 바로 삼한의 계절제입니다. 삼한은 해마다 5월에 씨뿌리기를 마치고 하늘에 제사를 지냈어요. 농사가 잘되기를 기원하는 것이지요. 추수를 마친 10월에는 한 해의 농사가 잘된 것에 감사하며 온 나라가 축제를 벌였어요. 그만큼 농사가 중요했던 것입니다.

두레

농민들이 농사 일을 공동으로 하기 위하여 마을 단위로 만든 조직

삼한의 제천 행사

부여나 고구려, 동예에서도 제천 행사가 있었지만 삼한에서는 일 년에 두 번 치렀다는 특징이 있어요. 이를 통해 삼한이 다른 나라보다 농업이 더 발전하였다는 것을 짐작해 볼 수도 있답니다.

 체험! 역사 현장

신성한 땅, 소도 탐방

삼한은 제사와 정치가 분리되어 있던 사회였어요. 정치는 신지나 읍차라고 부르는 군장이 하고 제사는 천군이 일정한 장소에서 지냈지요. 천군은 나라에 질병과 재앙이 없기를 빌었는데, 이때 제사를 지내던 곳을 소도라고 합니다.

소도는 신성한 지역이기 때문에 죄인이 도망가서 숨어도 함부로 잡아가지 못했어요. 그래서 소도에는 도둑이 많았다고 해요.

소도의 입구에는 큰 나무를 세우는데, 이것을 '솟대'라고 합니다. 그리고 방울과 북을 매달아 이곳이 신성한 장소라는 것을 알렸어요. 솟대는 새해의 풍년을 기원하며 세웠어요. 또한 사람들은 솟대를 마을 입구에 두고 마을 수호신의 상징으로 여기기도 했답니다. 오늘날에도 농촌 마을에 가 보면 마을 어귀를 지키는 솟대를 찾아볼 수 있는데요. 이 역시 삼한의 솟대로부터 유래한 것이라고 볼 수 있습니다.

그럼 솟대의 모습을 같이 볼까요?

솟대의 긴 장대 끝에 나무를 깎아 만든 오리를 올려놓았어요. 옛날 사람들은 새를 사람과 하늘을 연결시켜주는 매개체라고 생각했어요. 솟대 위에 있는 오리가 하늘

신과 닿아 화재, 가뭄, 질병 등 온갖 재앙을 막아 줄 것이라 믿었던 거예요.

특히 예로부터 오리는 풍요로움의 상징으로 여겨졌어요. 그래서 오리가 알을 가지고 있는 모습이나 물고기를 물고 있는 모습을 주로 나타냈지요. 오리를 땅, 물, 하늘을 넘나들 수 있는 신성한 존재

▲ 솟대

라고 생각한 거예요. 또, 오리가 물을 지배하는 동물이라 생각해서 비를 몰고 와 농사가 잘되게 해주기를 바라는 마음도 가지고 있었을 거예요. 그래서 자신들의 소망이 하늘에 잘 전달되도록 솟대를 높게 세웠던 거지요.

마을 입구에 세워 놓은 솟대의 오리는 머리가 서로 마주보거나 마을의 안쪽 또는 바깥쪽을 향하는 등 다양하지만 모두 마을의 안녕을 기원하고 농사가 잘되기를 바라는 마음을 담고 있답니다.

잠깐! 오늘날에도 소도 같은 공간이 있을까?

'치외법권'이라는 말을 들어 본 적 있나요? 다른 나라의 영토 안에 있으면서도 그 나라 국내법의 적용을 받지 아니하는 국제법에서의 권리를 말해요. 즉 그 나라의 법이 미치지 않는 권리라고 생각하면 되어요. 삼한 시대의 소도와 비슷하지요?

오늘날에도 대사관 등의 일부 구역은 한정적으로 치외법권이 적용되는 공간이에요. 이 때문에 대사관에는 파견국의 동의 없이 그 국가의 경찰이 들어갈 수 없게 되어 있어요. 만일 우리나라에서 외국인 범죄자가 자기 나라의 대사관으로 피신했다면 우리나라 경찰이 대사관으로 못 들어가는 거예요. 이럴 땐 그 나라의 동의를 얻어 범죄자를 잡을 수 있도록 조치를 취하지요.

한편 조계사와 명동 성당은 공식적으로 치외법권이 미치는 장소는 아니지만 소도와 비슷하게 그 권위와 조직력, 종교적 신성함 등을 가지는 곳이에요. 따라서 정부의 공권력이 함부로 침범하기 어려워 치외법권을 지닌 것과 같은 모습을 보인답니다.

 고종훈의 한국사 브리핑

핵심 분석 ▶ 국가 성립

QR 코드를 찍으면 고종훈 선생님의 강의를 볼 수 있어요.

부족들이 연합하여 세운 국가를 무엇이라 할까? ▶ 연맹 왕국
고구려를 세운 사람은? ▶ 고주몽
부여의 장례 풍습은? ▶ 순장
옥저의 특이한 풍습은? ▶ 가족 공동 무덤, 민며느리제
동예의 특산품은? ▶ 반어피, 과하마, 단궁
역사적 중요도 ▶ ★★★★★
시험 출제 빈도 ▶ 매우 높음

철기 문화를 바탕으로 다양한 나라들이 생겨났어요.

철제 무기와 철제 농기구가 널리 보급되어 사회가 급격히 발전하기 시작했어요. **철기를 이용하여 세력을 키운 부족은 주변 부족을 정복하거나 연합하여 국가로 발전하였지요.**

나라마다 특징이 있었어요.

부여는 연맹 왕국으로 순장이라는 특이한 풍습이 있었어요. 고구려는 서옥제라는 결혼 제도가 있었지요. 옥저와 동예는 왕이 없었어요. **옥저는 민며느리제, 가족 공동 무덤 등의 풍습이 있었고, 동예는 단궁, 과하마, 반어피 등의 특산물이 유명하였어요.** 한반도 남쪽의 삼한은 제사와 정치가 분리된 사회였어요.

나라들은 하늘에 제사를 지내는 제천 행사를 지냈어요.

철기 시대 각 나라는 제천 행사를 중요하게 생각했어요. 부여의 영고, 고구려의 동맹, 동예의 무천, 삼한의 5월제, 10월제 등 각 나라마다 제천 행사를 치렀어요.

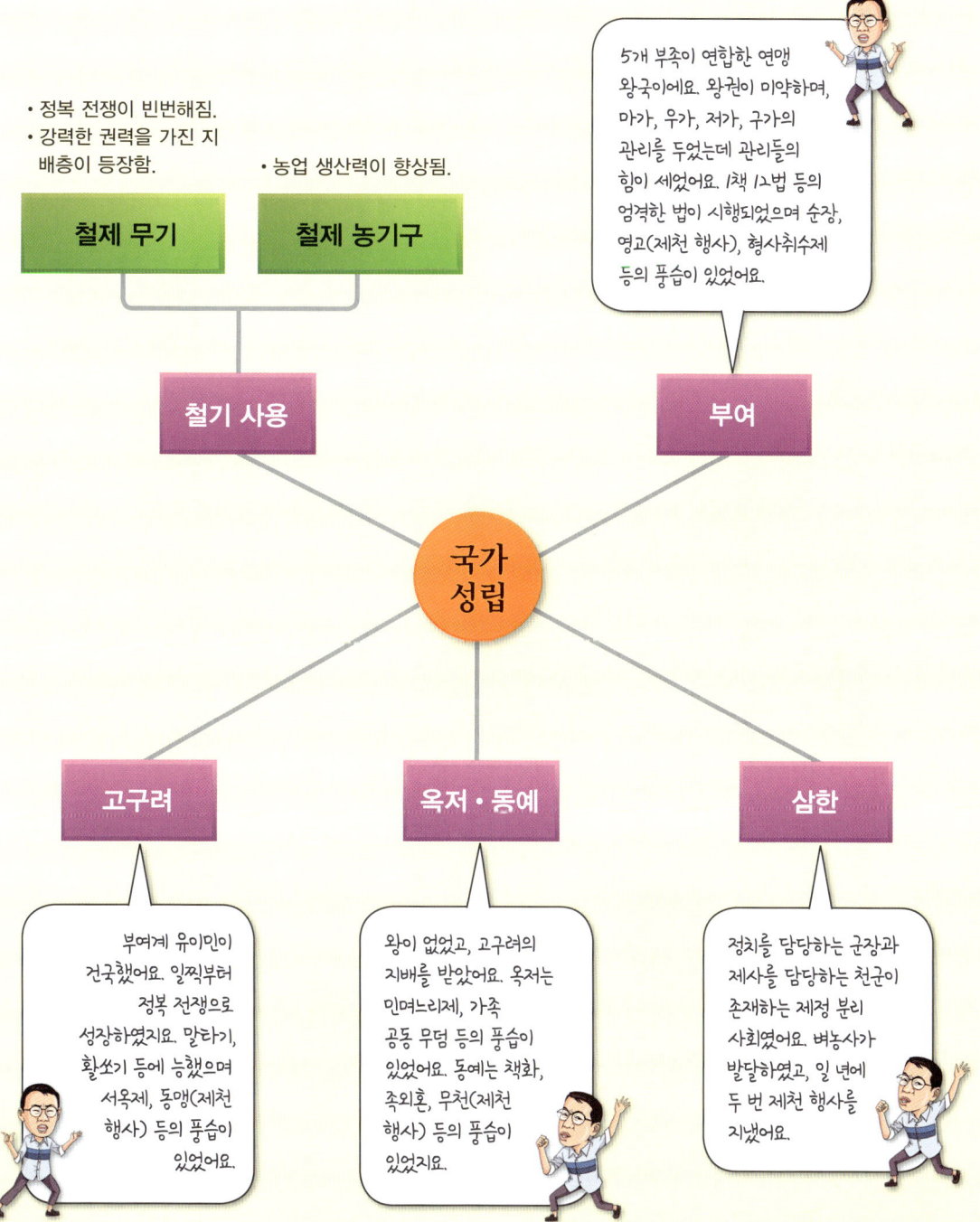

유물 연표 — 선사 시대·고조선

구석기 시대

뗀석기
초기의 인류는 돌을 깨뜨려 만든 뗀석기를 사용하였어요. 이렇게 뗀석기를 만들어 사용하던 시기를 구석기 시대라고 해요. 선사 시대는 도구를 만드는 방법에 따라 구석기 시대와 신석기 시대로 나뉘어요.

▲ 주먹도끼

단양 금굴, 막집
구석기 시대 사람들은 추위를 피해 동굴이나 바위 그늘에서 살았어요. 막집을 짓고 살기도 하였어요.

▲ 충북 단양 금굴 ▲ 막집

알타미라 동굴 벽화 (에스파냐)
구석기 시대 사람들은 동굴에 거주하면서 동굴 벽에 동물 그림을 그리기도 하였어요. 이를 통해 사냥의 성공과 풍요를 기원하였지요.

탄화 곡식
불에 탄 곡식이 발견되어 신석기 시대에 농경이 이루어졌음을 알 수 있어요. 신석기 시대의 움집에는 중앙에 화덕이 있었는데, 이 때문에 불이 나서 오늘날까지 탄화 곡식이 전해지는 것으로 보여요.

가락바퀴
신석기 시대에는 실로 짠 옷감으로 옷을 만들어 입었어요. 바로 이 가락바퀴를 이용하여 실을 뽑았던 거예요.

조개껍데기 가면
신석기 시대 사람들은 동물의 뼈나 뿔, 조개껍데기 가면 등을 이용해 치장을 하기도 했어요.

청동기 시대

고인돌
청동기 시대의 지배자들은 거대한 무덤을 만들어 자신들의 힘을 과시하였는데요. 그것이 바로 고인돌이지요. 한반도에는 전 세계 고인돌의 약 40 %에 해당하는 고인돌이 있답니다.

고조선

탁자식 고인돌, 비파형 동검, 미송리식 토기
우리나라 최초의 국가인 고조선은 만주와 한반도 일대에 성립한 것으로 보여요. 탁자식 고인돌, 비파형 동검, 미송리식 토기는 만주와 한반도 북부에서 집중적으로 발굴되고 있어 고조선과 관련된 문화의 범위를 추측하게 해 준답니다.

국가 성립

철제 농기구
철은 매장량이 많아 비교적 쉽게 얻을 수 있었고, 단단하고 날카롭게 만들어 사용할 수 있었어요. 철제 농기구가 사용되면서 농업 생산력이 늘어났어요.

신석기 시대

간석기
신석기 시대 사람들은 돌을 갈아서 만든 간석기를 사용하였어요. 간석기는 뗀석기에 비해 훨씬 돌을 정교하게 다듬어 만들었기 때문에 사용하기 편리하였지요.

▲ 갈돌과 갈판

빗살무늬 토기

신석기 시대에는 빗살무늬 토기를 만들어 곡식을 저장하고 음식을 조리하는 데 이용하였어요. 이를 통해 신석기 시대에 농경이 시작되었음을 알 수 있지요.

움집
신석기 시대 사람들은 움집을 짓고 마을을 이루어 정착 생활을 하였어요. 주로 바닷가나 강가에 거주하였는데, 이때의 움집은 땅을 파고 그 위에 지붕을 얹은 형태였어요.

반달 돌칼
반달 돌칼은 곡식의 이삭을 자르는 데 사용되었던 도구예요. 청동기 시대에도 여전히 농사 도구나 일상생활 도구는 돌이나 나무로 만들어 사용하였어요.

청동기
팔주령 ▶
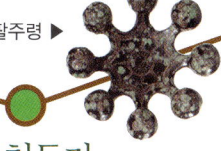
청동기는 주로 지배 계급의 장신구나 제사용 도구, 무기로 사용되었어요. 청동기는 재료가 귀하고 만들기가 어려웠거든요.

◀ 청동 거울

민무늬 토기
청동기 시대에는 무늬가 없는 다양한 형태의 민무늬 토기를 만들어 사용하였어요.

농경문 청동기
청동기 시대에는 농사가 활발하게 이루어졌고 특히 벼농사가 시작되었어요. 이를 증명해 주는 유물이 바로 농경문 청동기예요. 농경문 청동기에는 따비로 땅을 가는 모습, 괭이질 하는 모습, 토기에 수확물을 담는 모습 등이 새겨져 있어 당시 사람들의 농사짓는 모습을 짐작할 수 있게 해 준답니다.

철제 무기
철제 무기의 사용으로 전쟁이 빈번하게 일어났고, 철기를 잘 다루는 부족은 철제 무기로 주변 지역을 정복하면서 세력을 확장하였어요.

독무덤, 널무덤
철기 시대에는 더 이상 고인돌과 같은 거대한 무덤은 만들어지지 않고 독무덤이나 널무덤이 등장해요. 특히 전라도 영산강 유역에서는 대형 독무덤이 많이 발견되었어요.

▲ 독무덤

솟대

철기 문화를 바탕으로 한반도 남부 지방에서는 삼한이 성립하였는데요. 삼한에는 천군이라는 제사장이 있어 제사를 주관하고 소도를 다스렸어요. 소도를 통해 삼한이 정치와 제사가 분리된 사회였음을 알 수 있지요. 이 소도에 세운 것이 솟대예요.

찾아보기

1책 12법 156
8조법 128

ㄱ
가락바퀴 57, 76
가족 공동 무덤 166
간석기 57, 62
개천절 126
계급의 발생 104, 109
고구려 149, 153, 160
고인돌 111, 112, 124
군장 104, 110

ㄴ
나인영 127
널무덤 151
농경과 목축의 시작 67, 69
농경문 청동기 101

ㄷ
다호리 붓 147
단군왕검 119, 123, 126, 137
대종교 127
독무덤 151
동맹 163
동예 149, 170
뗀석기 35, 38

ㅁ
막집 48
명도전 147
미송리식 토기 124
민며느리제 168, 169
민무늬 토기 93, 98
목책 106

무천 172

ㅂ
반달 돌칼 98, 105
반량전 147
부여 149, 154, 160
불의 사용 20, 23
비파형 동검 96, 124
빗살무늬 토기 57, 64, 65

ㅅ
사마천 19
사출도 154
삼로 168
삼한 150, 174
샤머니즘 82
서옥제 163, 164
선사 시대 17, 24, 94
세형 동검 96
신석기 혁명 66
신지 176
소도 177, 180
손보기 42
솟대 103, 180
수렵 44
순장 156, 158
슴베찌르개 40
승리산인 37

ㅇ
암사동 유적지 60
알타미라 동굴 벽화 49
애니미즘 82
역사 14
역사 시대 17

역포아이 37
연맹 왕국 148, 155
영고 157
옥저 149, 166
움집 57, 61, 70, 74
울산 대곡리 반구대 암각화 94
읍군 168
읍차 176
위만 132, 144
유물 24
유적 24

ㅈ
전곡리 선사 유적지 50
제가 회의 160
제정 분리 사회 176
제정일치 사회 110, 121, 176
제천 행사 126, 157, 163, 172, 179
조개무지 68
족외혼 81, 171, 173
족장 91, 104
주먹도끼 39, 50
주몽 153, 162, 160
직립 보행 20

ㅊ
채집 45, 67, 100
책화 171
천군 177, 180
철기 142, 148, 174
철제 농기구 145, 179
철제 무기 144
청동기 90, 96, 99, 100, 106, 109, 119
청동 거울 97

ㅌ
탄화 곡식 73, 93
탁자식 고인돌 113, 124
토테미즘 83

ㅍ
패총 68

ㅎ
한 4군 136
함무라비 법전 131
형사취수제 157
헤로도토스 19
홍익인간 121
후지무라 신이치 28
흥수아이 34, 37

한국사. 더 쉽고. 재밌고. 생생하게!

생방송 한국사 시리즈

총 10권

〈생방송 한국사〉에서 생생한 뉴스로 전해드립니다.

시대별 8권
선사 시대 · 고조선 | 삼국 · 가야 | 남북국 시대 | 고려
조선 전기 | 조선 후기 | 근대 | 근대·현대

종합편 2권
용어 편 (571개 어휘 정리)
문제 편 (한국사능력검정시험대비 문제 수록)

한국사 대표 강사 고종훈!!

**수능 한국사 강의 1인자 고종훈 선생님과 함께!
〈생방송 한국사〉로 한국사 완전 정복!!**

- 수능 한국사 강의 독보적 1인자!
- 메가스터디 13년, 누적 유료 수강생 70만 명 돌파!
- 9년 연속 유료 수강생 1위!
- 한국사능력검정시험 고급 합격자 최다 배출!
- 〈생방송 한국사〉 시리즈 감수 및 동영상 강의

1 역사 인물의 이야기를 통해 역사를 쉽고 재미있게 이해해요.

2 다양한 방송 프로그램 형식으로 시대와 사건의 배경을 알아봐요.

3 고종훈 선생님의 동영상 강의로 다시 한 번 개념을 정리해요.

4 용어 편, 문제 편으로 한국사능력 검정시험까지 완벽하게 준비해요.

한국사 완전 정복

아울북

생방송 한국사 시리즈는
이런 내용으로 구성되어 있어요.

01 선사 시대, 고조선

우리 역사의 시작! 한반도에는 사람들이 언제부터 살기 시작했을까?

02 삼국 시대, 가야

고구려, 백제, 신라의 물러날 수 없는 대결! 그리고 홀로 고고히 풍요를 누리던 가야의 이야기

03 남북국 시대

천년 왕국 신라의 시작과 끝! 신라의 저력과, 광활한 영토를 차지했던 발해의 모습

04 고려

드높은 고려의 자긍심! 수많은 외적의 침략을 물리치고 나라를 지켜낸 고려의 이야기

05 조선 전기

유교의 나라, 백성의 나라. 드디어 조선이 시작됐다!

06 조선 후기

조선의 위기! 임진왜란 이후 조선의 운명이 달라지기 시작했다.

07 근대

일본과 서양 열강이 조선을 노린다! 어떻게든 조선을 지키고자 했던 우리의 슬픈 역사

08 근대, 현대

지금의 대한민국이 있기까지! 우리의 민주주의의 모습

09 용어 편
역사적 흐름 속에서 이해할 수 있도록 구성된 571개의 용어 정리

10 문제 편
개념 정리부터 한국사능력검정시험 문제까지 총정리